新　視　野
中華經典文庫

新 視 野
中華經典文庫

第二版

名譽主編
饒宗頤

導讀及譯注評講
陳耀南

中華書局

新視野中華經典文庫

論語

□
導讀及譯注評講
陳耀南

□
出版
中華書局（香港）有限公司
香港北角英皇道 499 號北角工業大廈一樓 B
電話：(852) 2137 2338　傳真：(852) 2713 8202
電子郵件：info@chunghwabook.com.hk
網址：http://www.chunghwabook.com.hk

□
發行
香港聯合書刊物流有限公司
香港新界荃灣德士古道 220-248 號
荃灣工業中心 16 樓
電話：(852) 2150 2100　傳真：(852) 2407 3062
電子郵件：info@suplogistics.com.hk

□
印刷
深圳中華商務安全印務股份有限公司
深圳市龍崗區平湖鎮萬福工業區

□
版次
2012 年 7 月初版
2022 年 4 月第二版第 2 次印刷

□
規格
大 32 開（205 mm × 143 mm）

□
ISBN：978-988-8759-66-8

出版説明

為甚麼要閱讀經典？道理其實很簡單——經典正正是人類智慧的源泉、心靈的故鄉。也正是因此，在社會快速發展、急劇轉型，因而也容易令人躁動不安的年代，人們也就更需要接近經典、閱讀經典、品味經典。隨着中國在世界上的地位不斷提高，影響不斷擴大，國際社會也越來越關注中國，並希望更多地了解中國、了解中國文化。另外，受全球化浪潮的衝擊，各國、各地各區、各民族之間文化的交流、碰撞、融和，也都會空前地引人注目，這其中，中國文化無疑扮演着十分重要的角色。相應的，對於中國經典的閱讀自然也就有不斷擴大的潛在市場，值得重視及開發。

於是也就有了這套立足港台、面向海外的「新視野中華經典文庫」的編寫與出版。希望通過本文庫的出版，繼續搭建古代經典與現代生活的橋樑，引領讀者摩挲經典，感受經典的魅力，進而提升自身品位，塑造美好人生。

本文庫收錄中國歷代經典名著近六十種，涵蓋哲學、文學、歷史、醫學、宗教等各個領域。編寫原則大致如下：

（一）精選原則。所選著作一定是相關領域最有影響、最具代表性、最值得閱讀的經典作品，包括中國第一部哲學元典、被尊為「群經之首」的《**周易**》，儒家代表作《**論語**》《**孟子**》，道家代表作《**老子**》《**莊子**》，最早、最有代表性的兵書《**孫子兵法**》，最早、最系統完整的醫學典籍《**黃帝內經**》，大乘佛教和禪宗最重要的經典《**金剛經**》《**心經**》《**壇經**》，中國第一部詩歌總集《**詩經**》，第一部紀傳體通史《**史記**》，第一部編年體通史《**資治通鑒**》，中國最古老的地理學著作《**山海經**》，中國古代最著名的遊記《**徐霞客遊記**》，等等，每一部都是了解中國思想文化不可不知、不可不讀的經典名著。而對於篇幅較大、內容較多的作品，則會精選其中最值得閱讀的篇章。使每一本都能保持適中的篇幅、適中的定價，讓普羅大眾都能買得起、讀得起。

（二）尤重導讀的功能。導讀包括對每一部經典的總體導讀、對所選篇章的分篇（節）導讀，以及對名段、金句的賞析與點評。導讀除介紹相關作品的作者、主要內容等基本情況外，尤強調取用廣闊的「新視野」，將這些經典放在全球範圍內、結合當下社會生活，深入挖掘其內容與思想的普世價值，及對現代社會、現實生活的深刻啟示與借鑒意義。通過這些富有新意的解讀與賞析，真正拉近古代經典與當代社會和當下生活的距離。

（三）通俗易讀的原則。簡明的注釋，直白的譯文，加上深入淺出的導讀與賞析，希望幫助更多的普通讀者讀懂經典，讀懂古人的思想，並能引發更多的思考，獲取更多的知識及更多的生活啟示。

（四）方便實用的原則。關注當下、貼近現實的導讀與賞析，相信有助於讀者「古為今用」、自我提升；卷尾附錄「名句索引」，更有助讀者檢索、重溫及隨時引用。

（五）立體互動，無限延伸。配合文庫的出版，開設專題網站，增加朗讀功能，將文庫進一步延展為有聲讀物，同時增强讀者、作者、出版者之間不受時空限制的自由隨性的交流互動，在使經典閱讀更具立體感、時代感之餘，亦能通過讀編互動，推動經典閱讀的深化與提升。

這些原則可以説都是從讀者的角度考慮並努力貫徹的，希望這一良苦用心最終亦能夠得到讀者的認可、進而達致經典普及的目的。

「弘揚中華文化」是中華書局的創局宗旨，二〇一二年又正值創局一百周年，「承百年基業，傳中華文明」，本局理當更加有所作為。本文庫的出版，既是對百年華誕的紀念與獻禮，也是在弘揚華夏文明之路上「傳承與開創」的標誌之一。

需要特別提到的是，國學大師饒宗頤先生慨然應允擔任本套文庫的名譽主編，除表明先生對本局出版工作的一貫支持外，更顯示先生對倡導經典閱讀、關心文化傳承的一片至誠。在此，我們要向饒公表示由衷的敬佩及誠摯的感謝。

倡導經典閱讀，普及經典文化，永遠都有做不完的工作。期待本文庫的出版，能夠帶給讀者不一樣的感覺。

目錄

《論語》導讀

陳耀南

巨著寶典，影響時代；而哲思與偉人，也都是時代的產品。所以，論世然後知人，知其人、知其書，然後知其短長得失。《論語》的研習，也是如此。

一、釋「論」「語」

論語，兩個「言」旁的字，一本記錄言語、反映時代的儒學聖經，活現了孔子「言教」與「身教」，代表中國人貢獻給世界文化的倫理寶典。

讀了《論語》所記錄的孔子與及門高足言行，有志之士，便知道如徐復觀先生在《學術與政治之間》（甲集）所謂：「程文之外，另有學問；科第之外，另有人生；朝廷之外，另有立腳之地」（頁一四七）。有史以來，沒有人能成功否認：孔子是東亞文明的典範，中華文化之光；讓人見到這光的書，便是《論語》。

直言曰「論」，答難曰「語」——這是《周禮．春官．大司樂》賈逵《疏》引《說文》的講法。「論」是直接陳述，「語」是答覆詢問。《論語》邢昺《疏》，以「經綸世務」釋「論」，又等於「圓轉無窮」的「輪」。依此，有人主張據《說文》二徐本惟載「盧昆切」而讀平聲。不過，段玉裁說古無平去之別，趙翼《陔餘叢考》卷四說：「語者聖人之遺言，論者諸儒之討論也」，常時讀了去聲，也未為不通了。其實，研習《論語》，主要是在通義理、學為人，所以，語音與字義既都通轉，在此也不必多費筆墨了。

總之，這本把孔子自說和答人的話，連同附帶資料，編纂流傳的記錄，就稱為《論語》。

二、《論語》的時代

《論語》的時代，是周代文制動搖而價值重估的時代，是孔子出而百家隨之並興的時代。《論語》表現孔子。孔子自覺的社會使命，是復禮興仁、撥亂返正，以處理「王綱解紐」的時代問題。繼起的那批思想家也有同樣的使命感，如後來《文心雕龍》所描述，他們「身與時舛，志共道申」，於是開展了諸子百家時代，形成了以後二千多年的中華文化。

中華文化有史可據的第一個燦爛時期，就是春秋戰國那幾百年，政治上列邦競存，思想上百家爭鳴的世代。《漢書・藝文志・諸子略》承劉歆《七略》而論「諸子出於王官」，今人雖不盡從，其實也並非憑空設想。由於人性與時代條件，以管理知識為專利，以學術資料為禁臠，自然是當時世襲掌權者——即所謂「貴人」「君子」「世族」——的必然做法。到爭奪戰亂而使貴族地位不保，特權崩壞，《莊子・天下篇》所謂「舊法世傳之史」的壟斷局面無可維持，學術就流入民間，才俊就紛紛興起了。淪落而有才有德的貴族，傳授學術以營生和栽培後繼者；不甘貧寒愚昧的平民，奮鬥學習以攀升社會階梯，為了榮身、為了華國、為了救世，他們紛紛努力，薪火相傳，於是推進了文化。由於社群處境與個人才性的不同，自然有諸子百家的分別。到秦漢一變自古以來列邦並存而為帝國一統，政治上或強勢之合，而文化隨而定於一尊；或弱勢之分，而思想得以異葩耀采。二千多年來，由「先秦諸子」而「兩漢經學」「魏晉玄學」「隋唐佛學」「宋明理學」「乾嘉樸學」而現代的中西交流，相盪相激。這樣，溯始探源，自然不能離開作為首要重鎮的孔子與《論語》。

諸子百家興於春秋，盛於戰國，合起來便是周朝的下半場——東周。自平王東遷（公元前七七〇年）到六國盡滅（前二二一年）這幾百年間，夏、商、西周二千多年來的貴族世襲封建政治逐漸動搖衰廢，代之以秦、漢以迄明、清又二千多年的君主世襲專制、郡縣中央集權，然後進入民主共和的現代。生於春秋後期的孔子（前五五一年—前四七九年），所目睹耳聞的大動亂、大轉型，就是「王綱解紐」。

所謂「王綱」，就是王朝的綱紀：西周建政，行封建、立宗法、社會藉以維持、人心因而安頓的禮樂文化。所謂「解紐」，就是這種種的紐帶組織，崩壞鬆弛，於是社會動亂不息，人心普遍難安——怎麼辦？

作為開啟諸子時代的第一人，孔子主張：正名辨分，安定秩序，恢復與振揚西周建政的禮樂文化。

政治禮文的設計者、示範者，是孔子夢寐敬佩的姬旦——周公。周公旦是文王之子、武王之弟、成王之叔、孔子所屬魯國的始祖。他伐商、東征，制禮作樂，建立和穩定西周王朝，不過，最值得想慕欽崇，還在於克制政治人物必然強烈的權力慾望，而遵守自己所參與訂定、於是也應當制約於其中的那套秩序規矩。

勝利則驕狂，專權則縱濫，人情大都如此。不過，人性也有高貴難得之處，就是：理智清明以自警自制，宅心仁惠以愛眾安民。孔子之敬慕周公在此，《論語》之垂教後世也在此。周公所言所行，見於《尚書》中最可信的《周書》各篇。不論對周國臣民、友邦之君，抑或殷商遺族，周公都反覆叮嚀、諄諄告誡，總不外申說小周之能代大殷，都是天命與天意之歸於有德；如果承命者也失德，照樣會重蹈殷亡之鑒。所以有國者必須勤政愛民、修身立德。這種省勉訓誠，代表一種新的時代共識，就是：要保持憂患意識，要知道「天命靡常，有德居之」，別讓勝利衝昏了頭腦。於是，在周公領導之下，他們就努力以表現人本人文的禮樂制度，代替前朝所特別看重的——甚至可以說「偏重」的——幾乎無日不做的宗教獻祭。殷商敬祀，周人尚文，時代精神是不同的。

殷商即使在盤庚遷都之後，遊牧漁獵仍然是重要生產方式，西方的周，國雖未大，土地農耕已較先進。滅商之後，就以「普天之下，莫非王土」的理念，進一步以具體嚴密的政治策略封土建國，來安養同姓親族，酬庸異姓而立大功的臣屬，和為數較少的前代帝王之後，以及原先存在而不得不封的盟友部族。同姓異姓各國間雜而居，以利通婚與制約。爵位軍力都有規定。僅次於王的公爵尊而極少，以下侯伯子男四等以侯為尚，所以稱為「諸侯」。周王稱為天子，有事則諸侯勤王，諸侯喪德敗政，則天子號召各國共討。國君之下，卿、大夫立家，各有采邑，提供財賦與武力。貴族最基層的士，則承上級之命以臨民為治，若有失職，可遭廢黜。廣大的庶民，就耕織製作以至簡單商業以事貴族，命亦繫之。此之謂「封建」。

農耕安土定居，宗族鄉里家庭組織亦遠較遊牧穩固。各國之間以至君臣上下，皆異姓為婚以繁衍後代。君長繼承，亦不再兼行「兄終弟及」而一律「父死子繼」——而且盡量是嫡長子，以安天命而減紛爭。嫡庶長幼，因此必須嚴格分別。嫡長子是「百世不遷」的「大宗」，其餘則是「小宗」，五世親盡而遷，另開支派，自為大宗，以後再開若干小宗，這樣一路廣遠地繁衍下去。此後三千多年，自天子以至庶民，都是如此。此之謂「宗法」。

「宗法」與「封建」兩種制度交織，用親情、血緣、親疏、利害為基礎，制定輩份、等級種種關係，就構成西周建政推行的禮文。一切從個人生命最先的依靠——父母兄弟——開始。《論語》首篇次章記有所謂「孝悌」是「仁之本」，次篇孔子引《尚書》記「孝友」即所以「為政」。這樣，由家而國而天下，以天子為永遠的最高的地主、最大的族長，領導王朝萬邦，人人各安其位，一切井然有序，加上農業生產發展，於是有周初的「成康之治」和稍後的和平安定之世。所以，孔子雖是殷人之後，也稱讚說：「周監於二代，郁郁乎文哉，吾從周！」（《論語・八佾》）——就是說：周以夏商二代為鑒戒，修正、改善、建立了種種文化禮制，於是一切都上軌道，一切都美好！

可能不美的是世事與人性。世事常變，而人性不改。人性有「見賢思齊，見不賢而內自省」（《論語・里仁》）——道德自覺的一面，更有「見富貴而爭先，見掠奪而恐後」——動物的一面。以「宗法」而論：親情有厚薄，關係有親疏，為長上者資以服眾的才德勢位有高下；以「封建」而論：土地有肥瘠、疆域有大小、人民有眾寡，基礎本來就已難平。天時不定、地利不均、人力的慾望與智愚勤惰不齊，列國以至卿大夫（其實可說是所有人）之間隨着生產的發達，貧富強弱的差距必然越來越大。大到禮法制約不來，既定的秩序便不能維持，大侵小、強凌弱、眾暴寡、智欺愚，種種亂象就越來越多了！《禮記・禮運》篇視為比亂世好得多的「小康」

之治，也是「各親其親，各子其子，大人世及以為禮，城郭溝池以為固，禮義以為紀」，本來也是出於自然而保障於法律、視之為當然的「私」；那個時代，又遠遠未想到由長期血的教訓而培育成功的「民主憲政」這個迄今為止最好的想法和辦法，又怎能防範、制裁、消弭由另一部份人性而來的、更強烈、更原始的貪求與爭奪呢？

周康王之後，昭王經略南方不返，可能是被當地人沉舟而謀殺之於江上吧。穆王遠遊四方，留下不少神話。跟着厲王無道，監謗以壓制輿情，結果發生民變而被逐。周召二公共和行政之後，宣王號稱中興，周室威德仍然未足服人。繼任者幽王又無道，廢申后而寵褒姒，烽火戲諸侯，結果被申侯與犬戎聯攻，諸侯不至，於是死於驪山之下，鎬京殘破，平王東遷雒邑，開始了東周。

這時，列國因兼併而疆域日大、數目漸減，周則直轄王畿相形見絀、成勢更墮。其始，鄭國勤王有功，莊公初成小霸，即竟與桓王戰而射之中肩，已視同諸侯。到楚興於南，甚至北上而問鼎輕重，有志取代。齊桓公應時而起，用管仲之策，官山府海，以漁鹽農礦充裕國力，以尊王攘夷令諸侯，首為盟主以開霸政。死後內亂，國勢稍衰，宋襄公欲繼之而敗。跟着，晉以北方之強，文公北併群狄，東阻秦穆，南敗強楚，霸業為春秋之最。其後楚亦敗晉而稱霸，兩強纏鬥，互有勝負，眾國依違其間，鄭的處境尤難，賴有名相子產賢能，內政外交，揚聲國際。宋向戎以戰頻民苦，倡「弭兵」之議，而干戈終不能息。這就是孔子青少年時的世局。到稍後吳越爭雄，就已入春秋末期了。

《春秋》本當時列國編年史之通稱，孔子據魯史所記編為教本，於是亦成所記上起魯隱公元年（前七二二年）、下迄哀公十四年（前四八一年），凡二百四十二年的時代之稱。司馬遷《史記．自序》承《淮南子》、董仲舒等說，在此期間，諸侯各國「弒君三十六，亡國五十二」「奔走不得保其社稷者不可勝數」。時世之動盪、百姓之痛苦可知。周初封國四百餘，服國八百餘（《呂氏春秋．觀世》），到春秋晚期，大小諸侯減到一百以下。後來再到戰國，只剩七雄，事態的必然發展，明顯地趨向統一，孟子就清楚肯定地如此說（《孟子．梁惠王上》）。不過，他想不到最後竟然統一於最殘暴善戰的秦，更無論在他之前百多年，想保持秩序不再壞下去的孔子了！

為時代、為人類而焦心苦慮的人，也不只孔子。衛大夫石碏勸諫莊公：「君義、臣行、父慈、子孝、兄愛、弟敬」，是所謂「六順」；「賤妨貴、少陵長、遠間親、新間舊、小加大、淫破義」，是所謂「六逆」；如果「去順而放逆，招禍必速。」（《左傳．隱公三年》）——結果是：「弗聽」——不信邪！忠言逆耳、明知故犯的人，為數又豈少呢！

逆而不順，從個人到國家都必然導向戰爭。戰爭靠臣下出力賣命，自然論功行賞。到賞不勝賞、「尾大不掉」，功高權重勢大者控制了財富與人民，臣下就必然由「震主」而「代主」了。春秋與戰國之間，震動當時的天下大事：「三家分晉」「田氏篡齊」，實在是理有固然、事有必至。在此之前，孔子所深深慨歎：

「天下有道，則禮樂征伐自天子出；天下無道，則禮樂征伐自諸侯出。」

「陪臣執國命，三世希不失矣！」（《論語・季氏》）

可說是歷史的總結，也是歷史的預警。以當時的魯國而論，政權實操於「三桓」，亦稱「三家」（不是後來分晉的那三家）。魯桓公除嫡長子繼為君主外，又有仲慶父、叔牙、季友三子，下開「仲孫（又稱『孟孫』）」「叔孫」「季孫」三家，自宣公九年（前六〇〇年）起，輪流為執政之卿，其中季孫一族（簡稱「季氏」）為時最久，勢力最大。但三桓實權，又漸下移於家臣之手。層層上逼，逼得號稱一國之君的魯侯形同傀儡，寢食不安，時時恐慌被害，也刻刻伺機回擊，於是情況日劣，兩敗俱傷，其他各國情況亦似。只有秦用商鞅變法，中央集權（「強公室」），削滅私家武力（「杜私門」），卒之盡滅六國，廢封建而行郡縣，這更是孔子所夢想不及了。到這時，經過一傳以至若干傳弟子的補充增訂，作為孔子言行記錄的《論語》，也已編成了。

《論語》是首創的民間私修之書，正如孔子是最超卓的私人辦學之始。如前所說，夏商西周以來學術，本屬王官專守、貴族所習；到封建崩壞，一批又一批貴族流落民間，他們之中的有學有志者，出其所能以自養，甚至培訓後起，於是學術就漸漸流入民間了。沒有人可以查考誰是如此作為的第一人，不過，最先開風氣、最有超卓成就、最廣受敬愛、久被尊崇的，肯定是孔子。

三、孔子生平與及門弟子

「孔子」是二千多年來世人對他起碼的尊稱。

自稱其名：「丘」，人稱其字：「仲尼」。

有人私底下、甚至公然稱他「孔老二」，表現了輕薄與不服氣——甚至嫉妒、狂妄、不知地厚天高。

孔子，一位失敗的周文維修者；一位成功的全人、全民教育創始者；一位永受尊崇的人性發現者。

孔子是人，所以不可愚昧地、別有用心地神化。

孔子是三代禮樂的承傳者，中華文化的集成與教導者，所以，應當平心研孔，不該無知地醜孔、狂妄地詆孔。

孔子是人類良知的發揚者、偉大的教育家，所以，應當尊孔。先交代這位先師、聖人的家世。

要講世系、遺傳，理應兼顧父母兩系——就如基督教《聖經》的耶穌家譜。不過，中國舊日傳統，實際只有父系。有史以來，婦女的教育權、參政權，都微不足道。說起來實在羞愧。直到現代才有改變。連《論語》中也有兩句孔子稀有的、被人指責的話：

「唯女子與小人為難養也。」（《陽貨》）

「有婦人焉，九人而已。」（《泰伯》）

並非不可以辯解。這裏的「小人」，是論位非論德；「女子」與之並列，也只因為「難以應付」；武王母后太姒不與其他九位功臣並列，因為參問政治是「婦女不宜」——這真是時代的錯、社會的錯——也因此，沒有人可以獲得滿分：包括孔子。

無奈的，講孔子家世，仍然只能從他父、祖說起。

孔子先世，就是他所熟悉而痛心的、一部典型的貴族興亡史，男人主導的相爭相斫史。

孔子先代是殷商貴族，「子」姓。紂王無道，庶兄微（國）子（爵）啟（名）出走。武王滅商，初封紂王子武庚以承祀。武庚勾結管、蔡以反周公，既被誅平，周乃改封微子啟於殷之故都以奉先王祭祀，這就是貴為公爵的宋。

宋開國四傳到湣公，長子弗父（字）阿（名）讓國於弟而降為卿。再傳數世，至孔父（字）嘉（名），依禮制：五世別開新公族，改「子」姓而以「孔」為氏。據傳因妻美，孔父嘉為太宰華父督所妒殺，殤公亦遇害，其子木金父逃魯，孔氏從此再降為士，也從此便是魯人了。

魯是周朝開國元勛周公旦之子伯禽封地，典籍文物保存得最佳。到傳統學術隨貴族政治之崩壞而漸次下移，就替孔子思想學問的形成，提供了良好的淵源與憑藉。

孔子父親，被稱為叔梁（字）紇（名），曾做陬（又作「鄹」「郰」，今曲阜東南）大夫。叔梁紇年過六十連生九女，娶妾得子孟皮又生而殘足，於是求婚顏氏，長次二女皆拒，獨幼者徵在允嫁，史書稱為「野合」——前人或解為未合禮儀，或釋以年齡差距太大，總之沒有確定的說法。

孔子生於昌平鄉陬邑，在今曲阜泗水兩縣之間。名丘，據說是因頭頂中平而四周如阜，又或說父母禱於曲阜東南之尼山而得，故名「丘」，字「仲尼」。不久父亡，墓在何處母親諱之，跟着更遷回曲阜城中闕里，加起來只是廿歲多點的孤貧母子，便從此相依為命了。這幾年間的實錄太少，後人隨「尊孔」或「詆孔」以至「誣孔」的動機而各騁想象，隨意解說，唯一只表現了講者自己的見識與人格，對事情真相以至孔子的貢獻與評價，毫無影響。對此而作太多研究，也並無意義。

沒有人能離開父母以至祖先的影響。父母對孔子的遺傳，是高大健壯的軀體和堅毅的意志；殷宋以來父系祖先的影響，是禮法的嫻熟與持守。孔子自幼喜歡習禮，早年入太廟而每事問（《論語・八佾》），其後就以此為出發點，因研「禮」而知「義」（禮法背後的義理），循義理而探「仁」（義理根本在仁心）。人之所以為人，就在道德價值自覺（「仁」），因之而有行為合宜的途徑（「義」），實現為具體的典章制度以至生活儀節（「禮」）。細則基於原則，原則出自內心，這便是《論語》全書所透顯的、以孔子為宗師的整個儒學的最基本架構——這便是儒學，這便是《論語》，這便是孔子！——「天不生仲尼，萬古如長夜」，有人不服氣這個文學性的讚歎，只證明他自己不欣賞誇飾修辭藝術，更不明白中華文化！

孔子一生事跡，自古以來研習多、傳揚廣、爭論少、查考易，這裏分為四階段列成表格，簡要地交代，繫以可能有關的篇章——例如《為政第二》篇第四章，就是〔2.4〕，如此類推。

（一）成長與教學

公元前	周王	魯侯	年歲	孔子生平	《論語》篇章
五五一	靈二十一	襄二十二	一	夏曆八月廿七，生於魯國陬（鄹）邑。名丘，字仲尼。	
五四九	二十三	二十四	三	父死，母攜之移居曲阜。	
五四二	景一	三十一	十	幼好習禮，是時鄭子產執政。	

公元前	周王	魯侯	年歲	孔子生平	《論語》篇章
五三七	八	昭五	十五	有志於大人之學	2.4
五三三	十二	九	十九	娶妻亓（音「其」）官氏	
五三二	十三	十	二十	生子鯉，字伯魚。任委吏，管田賦，次年任乘田，管苑囿。	
五二八	十七	十四	二十四	母卒（或十七歲時）	
五一八	敬二	二十四	三十四	貴族孟僖子深憾前此（昭七年九月，《史記》誤以此為其卒年，時孔子年十七，南宮敬叔未生。）伴君至楚而不能相禮，此時將卒，遺囑謂孔子聖人之後，歷代恭禮，明德達人，故二子何忌（孟懿子）、南宮敬叔（名閱或説，同悦）必師事之，學禮以定其位。時孔子以知禮著名，已設教壇而講學。	2.5 2.6
五一七	三	二十五	三十五	魯侯攻季氏，因三桓聯抗而敗奔齊。孔子亦避亂而往，過泰山側，見婦人哭墓甚哀，因問之而有「苛政猛於虎」的著名慨歎。	
五一六	四	二十六	三十六	在齊聞韶樂，答景公問政，阻於晏嬰而不克見用。	3.25 12.11 18.3
五一五	五	二十七	三十七	返魯繼續教學	17.1
五〇二	十八	定八	五十	季氏家臣公山弗擾（不狃）據費，招孔子，孔子以為可抗陽虎，欲往，子路勸阻，孔子亦卒不往。（按：此事可疑）	2.4

（二）從政與挫折

公元前	周王	魯侯	年歲	孔子生平	《論語》篇章
五〇一	十九	九	五十一	陽虎已因作亂敗奔晉，孔子出任中都（今汶上縣西）宰。	
五〇〇	二十	十	五十二	升小司空、大司寇，為魯侯相禮以會齊於夾谷，文事武備兼全，敗齊劫持之圖，且得還所侵之田，譽揚國際。	13.15
四九八	二十二	十二	五十四	欲墮三都（拆毀割據所憑藉之城堡）以抑三家之橫，功敗垂成，又因齊人饋女樂，執政受誘不朝，孔子遂離魯，有弟子隨之。	18.4

（三）周遊列國

公元前	周王	魯侯	年歲	孔子生平	《論語》篇章
四九七	二十三	十三	五十五	在衛，為魯兄弟之邦，富庶。靈公在位，逐謀叛之公叔戍。孔子避嫌離去。	3.13 13.7 13.9
四九六	二十四	十四	五十六	往陳，匡人誤以為所惡之陽虎，攻之，脱困回衛，靈公郊迎之，應邀依禮見君夫人南子。	9.5
四九四	二十六	哀一	五十八	在衛。吳王夫差敗越王句踐，孔子仍居所善大夫蘧伯玉家。	

公元前	周王	魯侯	年歲	孔子生平	《論語》篇章
四九三	二十七	二	五十九	晉中行氏家臣佛肸（音「拔迄」）為中牟宰，邀孔子，子路反對（按：此事可疑），其後欲渡河往晉，聞趙簡子殺賢大夫竇鳴犢，乃止河邊而返衛。往曹、宋，司馬桓魋拔其在下習禮之大樹以逐之。又往鄭，皆受冷待。至陳，居數年。	17.7 15.1 5.22 7.23
四八九	三十一	六	六十三	吳伐陳，楚來救，大亂，孔子離去。途中南方隱士屢以熱心用世為譏。絕糧於陳蔡之間數日，至楚之負函，常見駐官葉公。	14.38 14.39 15.2 18.5-7 7.19 11.2
四八八	三十二	七	六十四	返衛。出公與父蒯聵（即靈公世子）爭位，晉介入，多年不決。	7.15 13.3

（四）歸魯與終老

公元前	周王	魯侯	年歲	孔子生平	《論語》篇章
四八四	敬三十六	哀十一	六十八	弟子冉有抗齊侵有功，薦孔子，季氏（康子）遂迎之歸國，尊為國老，而實不能用。孔子自此潛心教學與整理文獻，是傳統學術（「六藝」）之集成整理者、規範者和局面開創者，後世遂將刪《詩》《書》、訂《禮》《樂》、修《春秋》、序《易傳》，後世儒者紹繼之功盡以歸之。 先是孔子歸魯前一年，妻丌官氏卒。	2.19 2.20 6.8 9.15 12.17-19 14.36 16.1 19.22-24
四八三	三十七	十二	六十九	子鯉急病而卒。	11.8
四八二	三十八	十三	七十	吳王會晉、魯於黃池，越乘虛攻入吳都。	2.4 6.3 11.7-11
四八一	三十九	十四	七十一	魯人西狩獲麟，孔子感傷而絕筆《春秋》。顏回死，甚哀之。齊田成子陳恆殺君，孔子勸哀公及三桓討之，以正君臣之義，不從。	14.21
四八〇	四十	一十五	七十二	衛蒯聵逐其子出公而自立為莊公，子路死於亂中，孔子甚哀。	11.13
四七九	四一	一六	七三	夏曆二月，周曆四月十一日，孔子病卒。其後不少弟子結廬守墓三年，以表追思，子貢更六年而後去。	

（五）孔子與魯國地圖

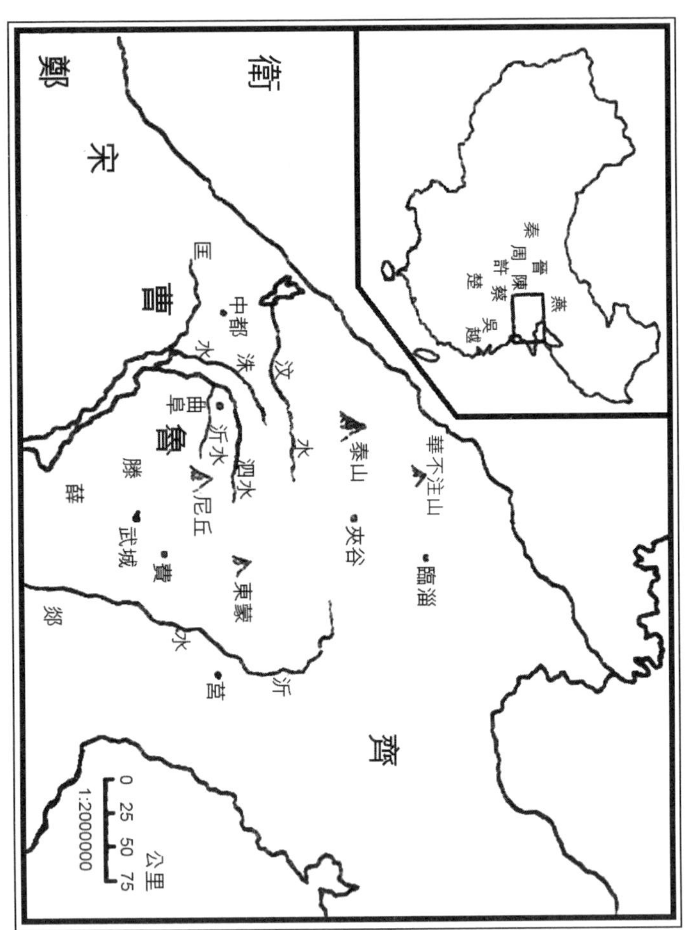
燕
晉
秦
周
陳
許
蔡
楚
吳
越
衛
鄭
宋
曹
匡
中都
洙水
汶水
魯
曲阜
沂水
泗水
尼丘
泰山
華不注山
夾谷
臨淄
東蒙
費
武城
滕
薛
郯
沂水
莒
齊
0 25 50 75 公里
1:2000000

〔六〕及門弟子

孔子教學早、年壽高，化育宏廣，聲譽遠播。以當時傳播條件，已有「弟子三千，賢人七十」的盛況。《史記‧仲尼弟子傳》考其顯有年名及受業見聞於書傳者居半，無年及不見書傳者亦四十二人。孔子以「文、行、忠、信」〔7.25〕為教，弟子就各自才性志向發展。其最卓異者，後世因有所謂「四科十哲」〔11.3〕：

子以四教：文、行、忠、信

德行：顏淵、閔子騫、冉伯牛、仲弓

言語：宰我、子貢

政事：冉有、季路

文學：子游、子夏

這也只是大概的類比，並非如此判然四途。忠、信實在都是「德行」之一；而大賢子張、曾子，都不在所謂「十哲」之內。就《論語》所見，著名弟子略如下表：

《論語》所載孔門著名弟子表（年歲序）

姓名	四科十哲	別字	來自	少於孔子年歲	學而第一	為政第二	八佾第三	里仁第四	公冶長第五	雍也第六	述而第七	泰伯第八	子罕第九	鄉黨第十	先進第十一	顏淵第十二	子路第十三	憲問第十四	衛靈公第十五	季氏第十六	陽貨第十七	微子第十八	子張第十九	堯曰第二十	備考
顏無繇		路	魯	六											●										回父
仲由	（忠）政事	子路	魯	九					●	●	●		●		●	●				●					
漆雕啟		子開	魯	一十一					●																
閔損	（行）德行	子騫	魯	一十五						●					●										
冉雍	（行）德行	仲弓	魯	二十九						●					●										耕子？
冉求	（忠）政事	子有	魯	二十九					●	●					●					●					
顏回	（行）德行	子淵	魯	三十		●				●	●	●	●		●										
宓不齊		子賤	魯	三十					●																
高柴		子羔	？	三十											●										
端木賜	（信）言語	子貢	衛	三十一					●		●				●			●	●				●		
宰予	（信）言語	子我	魯	？					●						●						●				
公冶長		子長	齊	？					●																
南宮适		子容	魯	？					●						●			●							
曾點		子皙	魯	？											●										參父
司馬耕		子牛	宋	？		●										●	●								
冉耕	（行）德行	伯牛	魯	？						●					●										
有若			魯	三十三	●											●									門人？
原憲		子思	魯	三十六						●								●							
樊須		子遲	？	三十六												●	●								

	澹台滅明	子羽	魯	三十九						●															
	公西赤	子華	魯	四十二					●						●										
（文）文學	卜商	子夏	衛	四十四	●					●					●	●	●						●		
（文）文學	言偃	子游	吳	四十五				●		●					●						●		●		
	曾參	子輿	魯	四十六	●			●				●			●										
	顓孫師	子張	陳	四十八											●				●				●	●	

孔子既逝，門人結廬守墓三年，如父喪哀思，子貢甚至六年方歸。他們跟着就各本所學，或散遊諸侯，達者為王佐卿相；次者結交賢俊，教育人才；未遇者隱在民間，待時養備。最著名者，除子路在衛而殉職於孔子卒前外，子張居陳。澹台滅明居楚。子貢善辭令外交，貨殖甚富，終老於齊。子夏居西河，教學年壽均久，化澤甚眾，仕於明君魏文侯之賢人田子方、段干木，以至戰略名家吳起、墨翟之徒禽滑釐等，都出其門下。

到了生存競爭更慘酷的戰國時期，儒學自然被視為迂闊，不過有志於仁義根本者仍然誦習不絕，特別是齊魯之間，繼承曾子、子思一系的孟子，以善學孔子為任，聲譽最隆，宣揚最切。後來，生於趙而卒於楚的荀子反對孟子而另倡性惡、隆禮，特尊仲弓，法家的韓非、李斯，都出門下。不過他仍然宗奉孔子，年壽既長，教化亦廣，其影響經秦而入漢，群經傳授，都可溯源於荀子。

暴秦焚書禁學，備受迫害的儒生，就在陳涉起事時，帶着祭孔的禮器往歸，表示：擁戴他為文化與人心的正統所歸。孔子八世孫孔鮒就任他的博士，並且同死。劉邦破項羽，唯有曲阜因曾被羽封為魯公，所以弦歌不輟而堅守，到確知羽死，才與眾歸降。

漢興，干戈未息，用叔孫通制朝儀，參與的儒生漸漸抬頭，不過跟着的文景之世，重黃老虛靜無為，與世休息，所以儒者未見大用。跟着是漢武親政，尊崇儒術，風氣於是大改——這時《論語》也就漸有定本了。

（七）孔門人物稱謂

《論語》所見孔門人物名字稱呼，也就是當時和以後二千多年來中國社會文化的禮儀規矩，即是：

一、「子」或「夫子」是直接呼喚對方時的尊稱。（清汪中《述學》卷六説「子」本是小國之君，相當於大國之卿，於是作為尊稱云云。）在《論語》中，除了少數例外，一般就是稱孔子。

二、自稱或稱卑晚輩用本名——所以孔子自稱「丘」，稱弟子為「回」（姓顏）、「由」（姓仲）、「賜」（姓端木）。

三、稱平或長輩用別字——《論語》記述者提及孔子門人，例如上述三位，稱「顏淵」「子路」「子貢」。名與字意義相發，深「淵」之水「回」旋，「由」是田出之「路」，「賜」與「貢」

都關資財，諸如此類。後世如諸葛「亮」字「孔明」，秦觀（少游）與陸游（務觀）名字對易，現代如張學良字「漢卿」（張良開漢功臣）等等，佳例不勝枚舉。

四、姓名直書，是純然第三者或後人提及時的一般語氣。《論語》並非一時一人所記，由於輩份、關係、情感等等因素，有時又碰到姓氏雷同或名字近似，須加分別，於是便有變例。譬如：顏淵、樊遲、公冶長、閔子騫……是「姓字直書」。又有「名字直書」，甚至連姓。譬如：宰我又稱宰予，冉有又稱冉求，陳子禽又稱陳亢。《論語》首篇次章就出現的有若，《論語》全書僅曾子和他稱為「子」。後來《孟子》和《史記．仲尼弟子傳》更提到他「似聖人」，孔子既卒，門人一度以「事孔子」之禮事之，唯有曾子不從，他也因不勝任、不堪當而退下。——究竟是姓「有」名「若」、抑或字「有」名「若」，甚至曾否受業於孔子，都可以考究。

四、《論語》的成書與流播

甲、《論語》的篇章組織

誰編《論語》？甚麼時候？確實已無從考定，更不必臆度；總之是孔子某些得意門生的一傳再傳弟子。他們懷念師教，經過多次收集、討論，把公認可信可傳的寶貴事跡與教訓記錄下來，化各人心中的個別回憶為天下後世的寶典，這已經是孔子卒後好多年的事了。

《論語》的話題，主要是「天」（天道與命運）、「人」（人性與人生）、「政」（政經與倫理）、「教」（教育與學習）四類。特別是「仁」（人類特有的道德價值觀念核心）、「禮」（人際交往規範準則）理念的闡揚，「君子」（由「有位治民者」而「有德服眾者」）、「小人」（由「平凡卑微者」而「道德低下者」）的分別等等，着意最多。形式上，有孔子話語的單獨記錄（包括自述和評說古今人物），孔子與門人或者時賢的問答，入門弟子對先師的懷念、評述，以及彼此間的討論。

今本《論語》一萬二千七百多字，分章近五百，輯為二十篇，各依首章首句「子曰」以下一二三字作篇目。（此後其他先秦子書也大都如此。）

篇目	章數		大概篇旨
學而第一	十六章		教學以育人
為政第二	二十四章		育人以從政
八佾第三	二十六章		從政則復禮
里仁第四	二十六章		復禮在興仁
公冶長第五	二十七章	※	
雍也第六	二十八章	※	興仁在施教
述而第七	三十七章	※	

篇目	章數		大概篇旨
泰伯第八	二十一章		有德無位之前聖典範
子罕第九	三十章	※	今聖孔子為宗師
鄉黨第十	一章（十七節）	※※	宗師之儀容舉止
先進第十一	二十六章	※	
顏淵第十二	二十四章		
子路第十三	三十章		
憲問第十四	四十七章	※	
衛靈公第十五	四十一章	※	
季氏第十六	十六章	※	
陽貨第十七	二十六章		
微子第十八	十一章		
子張第十九	二十五章		全屬孔門高弟言行
堯曰第二十	三章		

值得特別注意者幾點：

（一）篇內章數，此依元明清七百年士人科舉必讀的朱熹《集注》，後來各家稍有出入（如※各篇），有些是重出的各章不計，有些是章中首或末句屬上屬下意見不同。第十篇《鄉黨》

（※※）朱熹只作一章，他人或分若干章，所以章數並不一致。

（二）第十篇《鄉黨》不記言而只述起居瑣事，似《論語》初編至此擬告總結，其後續有新輯，所以又有以下各篇，故文字風格與前九篇稍有不同，末五篇詞語尤異。篇末又每有文義不類或無關孔門的雜散文字，似屬後人利用竹簡剩處空白補記，而再後又羼入正文者，在於上古，此屬常有。（詳見崔述《洙泗考信錄》、梁啟超《要籍解題及其讀法》、錢穆《論語要略》等書。）

（三）《公冶長第五》多評論弟子與其他人物；《先進第十一》多評論門人；《子張第十九》皆子貢、子張、子夏、子游、曾子等最著名孔門高弟的語錄；《堯曰第二十》章數特少而首章特長，言堯舜禹湯聖王承傳之事，顯似最後附錄。

除此之外，各篇內容大同小異，皆言為學為教為政為人之道，後世學者屢屢嘗試綜合大意而再次分類分篇，往往細碎而層次難明，更不可取代原典。

（四）現代編者或仿基督教《聖經》西人之法，篇章分別繫以數碼（例如《學而第一》首章是〔1.1〕，《堯曰第二十》末章是〔20.3〕），簡便清晰，樂用者漸多。此法亦宜推廣於其他典籍。

（五）清代大學者趙翼（甌北）名著《陔餘叢考》卷四：「戰國及漢初人書，所載孔子遺言軼事甚多，《論語》所記，本亦同此記載之類。齊魯諸儒討論而定，始謂之《論語》……於雜記聖人言行，真偽錯雜中，取其純粹以成此書，固見其有識，然安必無一二濫收者？固未可以其載在《論語》，而遂一一信以為實事也。」（詳見本《導讀》下節）錢穆《論語要略》援引此語以叮嚀讀者，值得記取。

（六）《論語》是現存有關孔子言行最可靠的記載，最值得旁參的是《左傳》之中性質相同的資料，再次就是《史記》。除此之外，從戰國到漢初，許多同道後學（如《禮記》中各篇，特別是《大學》《中庸》）、異路以至敵對學派（例如莊子、墨子、韓非子）種種或引申發揮、或假託擬設、或造作嘲諷、或栽贓誣陷，主要是借以申抒各自的思想與情感，極少數是不可不信，有些是不宜輕信、不必盡信，甚至不值一哂。總之最好以《論語》作為稽考——當然，對《論語》本身，尊重的同時，也要冷靜、理智——「知之為知之，不知為不知，是知（智）也。」（《為政》〔2.17〕）

乙、《論語》的流播

《論語》傳流，自然從孔子的故鄉開始。漢初，有《魯論》二十篇；《齊論》與《問王》《知道》，共二十二篇，各篇中章句，時亦稍多於《魯論》。兩種本子，都用當時流行的隸書（「今文」）。又有據説是出自孔子舊宅，因魯共（恭）王欲擴建宮室而壞之，於是發現的，用秦統一前東方六國文字（「古文」）的《古論》二十一篇。沒有《問王》《知道》而多一《子張》或《從政》，篇章次第亦異。漢成帝在位時（公元前三十二年—前七年），安昌侯張禹以帝師的尊貴勢位，據《魯論》而匯合《齊》《古》二本，號《張侯論》，於是天下從之。後漢晚期靈帝熹平年间（一七二年—一七八年）所刻石經，即用此本，而他本漸廢。漢末鄭玄即就此為注，可惜已佚，今所能見只有敦煌殘卷。另外，魏何晏有《論語集解》，梁皇侃有《疏》，後來也漸微而佚，今所見者清乾隆時自日本回流。又有趙宋邢昺《義疏》，即《十三經注疏》所採之本。

最普及而有政教權威的是南宋朱熹《集注》本。這位理學大儒，四十八歲時，萃盡精力，集前人心得，撰《論語集注》十卷，與《孟子集注》《大學章句》《中庸章句》合稱《四書章句集注》。元仁宗時，詔復科舉，出題考試即以此為準。明清沿之，七百年來成為士人必讀、官民共遵，視作禮教規範。到學風甚至政風改變，自然也受到質疑、修正，甚至批判了。

宋明理學重哲思而輕訓詁，疏失之處，賴清人縝密的考據補之正之。晚清劉寶楠、恭冕父子先後勉力逾三十年，成《論語正義》，融匯漢宋，旁採子史，集清儒之大成，補《集注》之不足，至今仍推為典範之作，不過那時國家民族以至文化危機，又甚於孔子之時了！

晚清政昏世亂，列強交侵，為了救亡圖存，學風又改。五四新文化運動以來，儒學以至孔子都備受抨擊，至二十世紀六七十年代間乃達巔峰。出於種種動機而醜詆污衊孔子與《論語》者不少，也就是世道人心的印記。相形之下，中國艱苦抗戰期間，困守北平的程樹德（一八七八—一九四四），以貧窮病癱之身，處敵偽暴虐之區，口述而賴親戚筆錄，奮鬥九年，成《論語集釋》一百四十萬言，引書六百八十餘種，翔實精備，嘉惠士林，實可謂「時窮節乃現」，不只是《論語》以至中華文化的大功臣，更真正活現了孔門之教！

《論語集釋》一九六五年初版於台北，一九九〇年初版於北京，其後「孔子學院」遍設世界，雖然重在教習語文，未涉哲理，至少不再在文化上長城自毀。學風既隨政風趨於溫和而稍復正常，重刊或新著有關孔子《論語》之作，也紛紛出現。以大陸地區而論，得力於傳統訓詁而出之以簡要者，如楊伯峻《譯注》；博採西人近現代哲理而間出己見者，如李澤厚之《今讀》、李作乾（金綱）之《鼓吹》；以至許多其他有關書刊篇章，都對學術與人心有所裨益。此外更有女士之作，因現代傳媒而及於西方。如果孔子有知，也會喜歡，時代不同，對女性要刮目相看了！至於台灣、香港以至海外地區，幾十年來，孔子與《論語》平穩地受到近乎冷漠的認識與尊重，其間尊孔知儒的少數學人始終不懈地努力教研，以承先啟後。當然，主要的希望與前途，還是看整體的華人自己了！

現代華人面對的是整個世界，特別是歐風美雨的衝擊。西洋文化匯合自「希臘愛智」「羅馬法律精神」與「希伯來一神信仰」，精分析、崇功利、尚商戰、貴科研，與中國傳統大異其趣。西人一向對《論語》以至整體東方學術，興趣和了解都很貧弱膚淺。晚明耶穌會士來華，思想初有交流。十七八世紀，啟蒙學者伏爾泰（Voltaire，一六九四——一七七八）等崇理性而疏宗教，於是推介儒學，不免熱情有餘而了解不足，興趣並不持久。大哲康德（I. Kant，一七二四——一八〇四）、黑格爾（G. Hegel，一七七〇——一八三一）等更對儒學不知其長而只輕其短。晚清嘉慶、道光間，新教馬禮遜（R. Morrison，一七八二—一八三四）東來，精力瘁於譯經傳道，未遑了解儒學真相。並且中國衰敗病弱已顯，跟着一敗再敗，挾工業革命所得的軍事、經濟優勢，幾乎就要淪中國為非洲之續，以供其宰割瓜分，連絕大多數傳教士在內的西人，都充滿種族偏見與文化優越感，談不上對中華文化有甚麼了解和尊重了！

其間只有馬禮遜後繼者理雅各（J. Legge）用助手而譯《四書》《五經》，膺牛津大學首任漢學教授，但終極目標仍在傳教。至於非基督教國家，意識形態既異，其評估儒學《論語》、孔子等等，又自不同。二十世紀中葉以來，世界與中國政治局勢一改再改，美國首當其衝而資源最足，培養人材、廣搜典籍，研究《論語》以至整體漢學的成績，較之歐陸，又漸有積薪之勢了。

總之，中國人對世界文化，固然最好不可無知；對本土傳統學術思想的得失優劣，更應先有自知之明，然後他山之石，可以為助。否則隨人輕重，彼云亦云，甚至是非顛倒，那就可歎可悲，而不只是可哂可笑了。

五、《論語》的文本問題

孔子學不厭、教不倦，德望崇隆、化澤廣遠，當時評論與身後追思者無數，言行記錄自然在去世後一段長時期再輯三輯。那時既沒有一個人可以有理想的統籌編整的條件，作為「語錄」體之祖的這本《論語》，雖然比之其他古籍，已經絕大部分是可珍、可信，不過，所記內容的詳略先後甚至真假問題，還是不能沒有。

最明顯的是「上論」（前十篇）思想較純粹，文法較清簡；「下論」（後十篇）內容較駁雜、文例較駁雜。最後五篇情況，尤其特別。分述如下：

（一）前九篇非孔子和門弟子之言不錄。《鄉黨第十》純記孔子行事，似作總結。後來再有收錄，於是續編。後十篇各篇之末，往往有無關孔門之事，雜記古人之言，似《禮記》（特別是《檀弓》）而與前十篇不類。

（二）篇目方面：前九篇即首章首句而除去「子曰」「子謂」等字；後十篇即以發端二三字為目，而且都是人名。（參見前頁〇二四—〇二五）

（三）篇幅方面：前十篇每章大都二三十字，時或更短；後十篇則一般較長，最長者《顓臾》章〔16.1〕二百七十四字，《侍坐》章〔11.26〕四百一十五字！

（四）語氣方面：前十篇簡樸直接，後十篇波瀾曲折較多。孔子答問，也往往先極簡略，再問方作詳解。

（五）稱謂方面：前十篇只言「某人問某一德行」，稱「子曰」，面對孔子單稱「子」，背面作第三人稱「夫子」；後十篇則每有「某人問於孔子」的句法，稱「孔子曰」，面對時稱「夫子」。

（六）詞語方面：前十篇孔子答君問稱「孔子對曰」，答卿問稱「子曰」，禮序分明；後十篇皆稱「孔子對曰」，似是後來卿位益高的時代痕跡。前十篇只言「君卿大夫問」；後十篇連門人亦有「問於孔子」，參差不一。

（七）最後五篇問題更多，依次再分數項觀察：

①《季氏第十六》文多俳偶。首先《顓臾》〔16.1〕章，孔子之言既繁且曲，情事亦多可疑。子路曾主墮三都，不應曲從季氏之擅權擴張，此其一。其為季氏宰，不與冉有同時，此其二。《左傳》並無顓臾為魯臣、為東蒙主、見伐於季氏等等記載，此其三。末章《邦君之妻》〔16.14〕顯是後人注釋，不似正文。

②《陽貨第十七》純駁互見，《武城》〔17.4〕章於孔子前稱「夫子」，似戰國時言語。《公山弗擾》〔17.5〕章，季氏家臣叛魯而竟召時為司寇的孔子。《佛肸》〔17.7〕章，晉范氏家臣叛而召周遊列國、向主正名崇禮守分的孔子。都違情理，亦背史實。

③《微子第十八》，《楚狂》及其後三章〔18.5、18.6、18.7〕有道家隱士譏嘲儒者意，雖孔子結語仍歸用世，但亦更見後起之跡，不一定是孔子、子路當時的實際記述。末四章〔18.8-12〕更雜記古今軼事，或無涉孔門。

④《子張第十九》皆弟子之言，而稱孔子為「仲尼」，與他篇異。

⑤《堯曰第二十》最特別，只有三章；首章特長，述前代聖王相授與為治要訣，或附會以孔子繼之，其實似是斷簡無所屬，而附於書末者。

推考其原因，大抵如下：

（一）孔子沒有留下無可懷疑的自傳或系統性論述，要考究他的思想情況，自然大費功夫。

（二）當初記者未必親聞，又以撰寫條件所限，力求簡略，往往只記其言而不記其所以言，極少交代時空環境與後果前因。

（三）當時著述與傳播條件，遠不能和今日相比，《論語》不出一時一人之手，又沒有條件極超卓者的統籌，各則記錄，既非依時序，又無法清晰謹嚴地分類，時間一過，後人即使想作較有系統的整理，亦難免勞而寡功，甚至無從着手。

（四）清晰準確的標點符號，現代才有。原文模棱欠解之處，後人無法裁決，聚訟不休。

（五）社群感情、地域偏見，賢者不免。即如前六八五年相齊的管仲，齊人或尊之愛之，魯人或貶之辱之，即孔子亦可能因個別時空環境不同，而有相異評價，形諸記述，在《論語》中就似乎前後並不一致。

（六）上古簡重帛貴，刀刻漆書不便，篇末空白往往綴記若干附錄文字，非必有意作偽，後來輾轉傳抄，就混入正文，久而難辨。上古典籍類此者甚多。

（七）戰國至漢初，百家並起，先行而熱心用世的孔子自然成為標靶人物，道家嘲之戲之，法墨詆之排之，甚至污衊誣捏、割裂曲解其言以為己用，無所不為。

（八）漢初《齊》《魯》《古》三論並行，倘皆流傳，後人便可考較是非，明其得失，遇張禹巧佞之人而官高宦達，合為一本，時人靡然從之，於是他本皆亡，難以取證。

（九）秦漢一統以迄明清，長期君主專制，加以儒學早成利祿之途，讀書應試，粗心、不用心、欺心、瞞心者多，細心懷疑、獨立思考者少，或謂「曾經聖人手，議論安敢到」，於是以訛傳訛，自欺欺人。及宋人尚理好思，清人考證細密，前述《論語》可疑之處，袁枚、趙翼等已有發現，崔述《洙泗考信錄》尤多創獲，近人梁啟超、錢穆等承其緒，今人讀書，於是大得啟發。

《論語》近五百章，編成於二千多年前，比之年代相近、分量相近之其他中外典籍，詞句歧義已算不多了。

六、《論語》所見孔子儒學及其得失

這個課題，古今談論的早已汗牛充棟，只就幾大套清代的《經解》再撮錄出來，也可以另成一套大叢書。五四以前二千五百年，崇揚歌頌的佔了絕大絕大多數，這也不在話下了。

不過，即使像本篇這樣，作為簡介性質的一本書的導讀，如果羅列許多道德項目，許多與各大宗教大同小異的倫理條款，而彼此之間本末層次不明、邏輯關係不清，也難免零碎散漫，徒亂人意。其實，《論語．述而篇》〔7.6〕有幾句話極重要：

「志於道，據於德，依於仁，游於藝。」

簡要地解釋：

目的：志於道——探求天地不變之道，人之所以為人之道。以人道表彰天道。以天道監督、訓示、培養人道。

依據：據於德——這是就整體來說：以人得於天賦的生命本性為依據。人是理性的、群居的、社會的動物，這就是人所以別於其他生物的德。

依據：依於仁——這是就核心來說：人的生命有個價值中心觀念，就是倫理道德自覺。

方法：游於藝，「涵泳」於各種智能技藝匯成的文化海洋，有左右逢「源」、如魚得「水」的樂趣，所以貴在一個「游」字。

換句話說，《論語》與孔子之學的——

總旨：是尊天愛人；

基礎：是本心原性；

始端：是孝親敬長；

方法：是勤學尚思；

功能：是興仁復禮；

典範：是君子、聖、王。

以此為綱領，歸納全書的有關言論，大抵可窺全貌了。

春秋之世，貴族政治動搖而尚未崩潰，人心紛亂，社會不安。孔子主張重振周初文化禮制精神，以維持綱紀，恢復秩序。其實，貴族與非貴族，即傳統所謂「君子」「小人」，本質就是少數的、特權的，與絕大多數的、非特權的；而權勢地位之產生，又源於血緣和武力。隨着社會與民族發展，其間的矛盾怨毒，自然漸多。不過，人的品性、才能，天生就不等不同；而人情的親疏厚薄，又是無可如何的現實。孔子於是順應時勢，把《詩》《書》以來「君子」「小人」

的意義，由「勢位」漸變而為「才德」，此所以《論語》之中「君子」「小人」之別，也時以德分、時以位別，要看上下文理和語意情境而別，顯現了時代轉型之跡。此所以後來孟子尊崇稱譽之為「聖之時者也」。

當然，「親親」與「尊賢」這兩大用人原則，後來《禮記．中庸》所謂「九經」的頭兩項，到最後必然矛盾而難以兩全，直到現代民主憲政取代終身君主專制獨裁，然後鬆解。早在二千多年前的孔子，也就無可如何了！

比起前代文獻，《論語》中特多「仁」「禮」兩字。「仁」既有時與「人」同音通假，又有「核心」之義，就孔子看來，人之所以為人的核心價值，就在「見賢思齊」而作「君子」，「見不賢而內自省」（《里仁》）於是恥作「小人」的那個道德價值自覺心，此所謂「仁」。人類社會的教育與政治，就在「把人當人」「勉人為仁」「以仁樹人」「使人心安」的文化內容。在此之前，「禮」原本是「不下庶人」、平民只能仰望而無可參預的貴族生活方式。孔子從小即以知禮著名，「入太廟每事問」〔3.15〕——問的不只是「然」，而且是「所以然」；不只是「何如」，而且是「何以」。探索研問禮的儀文秩序何以如此？自然就找出背後的義理，再問義理何據何來？自然就發現所根所源的道德價值自覺，即所謂「仁心」。簡言之：因仁而有義，因義而有禮。所以，「君子義以為質」〔15.18〕，「克己復禮為仁」〔12.1〕，所以，仁為萬德之本！

春秋以前，甲骨、金文之中，都罕有「仁」字，到《論語》所見：論仁者五十八章，「仁」

字出現凡一百次。孔子勉勵門徒，要做「君子之儒」，勿為「小人之儒」〔6.13〕。儒也就由贊襄禮儀的一種謀生職業，提升而為讀書教學、致君澤民的終生事業了。

從《論語》所見，孔子的理論貢獻，可以分成三個層次——人文精神的發揚、尚德傳統的建立、心性主宰的顯現。換轉程序來說也可以，就是：根據良心、建立道德；憑着道德、表現人文。這便是儒學的精蘊。

首先，是「人文精神的發揚」。

上古人類，都震怖於自然變化，想象於萬物精靈，俯伏於神鬼賞罰。希伯來信仰，純化之為獨一真神，猶太、基督、伊斯蘭三大宗教於以建立。中國古代，殷人尚鬼而好祭祀，到西周代興，鑒前朝之弊，重修德、興禮樂，人文精神躍起。在《詩》《書》文獻中已見端倪。到孔子仍然敬鬼神、信天命，但更強調人的知命守義，博文約禮，以盡其在我。山林隱逸之士譏諷或者惋惜孔子「知其不可而為之」〔14.38〕，其實真正顯示他所說的「鳥獸不可與同群」〔18.6〕，因此要珍重人之所以為人的生命尊嚴和努力。

其次，是「尚德傳統的建立」。

人文精神，可以表現於高舉智慧，可以着重在律法典章，中國自古傳統則是崇尚倫理道德。孔子之所以承周文而垂教後世，就在這裏。儒學把一切勇力、財富、知識、藝術成就，都統轄在道德之下，以規範人心、維繫社會，其作用幾乎等同宗教。至於因此而對道德以外的文化表現——諸如科學精神、藝術精神等等的發展，有若干制約，這也是歷史的現實了。最終而最高，是「心性主宰的顯現」。

獨神宗教信仰上帝為萬有之本。唯物主義者以物質為第一性，認為真理只在科學。《論語》所見孔子之教，尊天敬神，而又虛之遠之，一切為學、成德、立教、化民的努力，都歸本於人類自覺良知——即所謂「仁心」。由此而開展義理，構組禮制，達至最高的仁的境界。因此，「仁」是成終，也是創始，是一切發動於本身的意念。所以，《論語》有幾句話最為關鍵：

「苟志於仁矣，無惡也。」（《里仁》〔4.4〕）

「仁遠乎哉？我欲仁，斯仁至矣。」（《述而》〔7.30〕）

「為仁由己，而由人乎哉？」（《顏淵》〔12.1〕）

「內省不咎，夫何憂何懼？」（《顏淵》〔12.4〕）

人本，而不是神本；主要靠自力，而並非他力，這就大異於獨神信仰，而與原始佛教相似。不過佛教講一切山河大地、萬事萬法，都不外人心幻化，因緣生滅，並非真實，所以必須戳破迷執。這個理論推展至極，必然以「無善無惡」為心之本體。這又與儒學的「道不遠人」（《中庸》）大異其趣了。至於不論儒家的「開物成務」也好，佛教的「捨離解脫」也好，作為價值與力量根源的「心」，是否「自有永有」？能不能「自本自根」？這就是最高層次的、耐人思考的哲理核心問題所在了。

連智慧高、學問廣、成就大、敬愛孔子又真誠熱切的子貢，也說「夫子之言性與天道，不可得而聞也」〔5.13〕。孔子的主要興趣，還是「學不厭、教不倦」〔7.2〕地探究、維持與改良倫理現實。他一生努力最久、貢獻最大，也就在於教育。「學」也就是《論語》首章首句的第一個字。幼學之先，就在孝悌；既長而學，優則仕〔19.13〕，以致君澤民；為元首者，更以「內聖外王」為最高境界，這便是二千多年來以孔子為聖人，以《論語》為聖經者的共識了。

逃避不了的問題是：

孔子為甚麼終無所遇？

漢武帝開始以君王之尊而獨崇儒術，兩漢皇帝以「孝」為謚，此後直至民初，執政者大都尊孔——他們的真正用心何在？

二千多年來，士人都讀《論語》，百姓也都祀孔子、尊儒學，不過，孔子與《論語》的崇高理想到底實現了多少？主要困難在哪裏？

從秦漢一統直到明清，君主專制的病害為甚麼越演越烈？權力的腐敗，人性的貪婪、自私，儒家為甚麼無有效的對策？亂臣賊子，治之以聖君賢父；但是，君父而終身絕對權力，又竟然（在大一統之國，至高無上的皇帝尤其「易然」甚至「必然」）「父不父」「君不君」，又有何對策？靠陰陽五行所假借的，嚇之以宗教迷信嗎？像黃老之術所教導的，誘之以自然虛靜、垂拱無為嗎？這些，兩漢行之四百年，如果有效，就不會有「外戚」「宦官」「黨錮」等等大禍了。天下興亡，生民休戚繫於一身一念，而遇庸弱或者昏暴之君，根本「賢臣」「小人」不辨，甚至更以近賢為苦、親佞為樂，那麼，即使公忠睿智如諸葛孔明，除了力疾從公，撰《出師表》，垂涕泣而道君臣語亦父子語「鞠躬盡瘁，死而後已」之外，又能做甚麼？還僥倖他碰到的是不能不倚賴他、信靠他的阿斗，而並非秦二世、隋煬帝，或者自毀長城、到死不悟的崇禎！

南北朝隋唐，外來的佛學變成最大的宗教信仰，以「一念悟迷」來消融苦樂，以「輪迴報應」來解釋人生，問題是虛誕難憑，無補現實！儒者要抗「佛老二氏」而有宋明理學，結果也滑入「談心論性」、抽象玄祕的哲學探究。清儒要矯其弊，提倡「樸」實之學，又怯於政治高壓，不敢接觸社會「實」務，更囿於傳統，不知窮究自然「實」物之理，於是只能自困於語言文字和古史的考據之中來求實證，同樣是象牙之塔中的埋首沙堆！

晚清以來，列強交侵，國家民族、社會文化，都面臨「數千年未有」的危難！為了救亡圖存，不得不痛苦檢討，才發覺自己既不「民主」，也缺「科學」！

於是人們質疑：

孔子說仁者「愛人」，後來孟子更說「民貴」君輕，理論上被愛被貴的人民，為甚麼二千多年來都不被擢升、被培養、被承認可以（而且應該）作「主」？即使現代「民主」「共和」早成共識，為甚麼實際發展，還是遲遲牛步？

歷史上，儒學對人類良知的發揚、個人私德的培訓，功高效廣，炳耀千秋；可是，對掌權者的「君德」，對社群整體的「公德」，督導、維持的成績又如何？

現代政治劇變，儒學飽受輕視、打擊，再加上經濟上和某些外來思想上的因素，人民道德大滑坡，中國早已愧稱「禮義之邦」。對此，是否復興儒學即可有效改善？實現孔子之道的過往困難既然仍在，當今情況如此，又如何「復興」？

傳統文化過往偏重「尚德」，於是「尚智」之效不彰，有實用「科技」成就而基礎的、抽象的「科學」精神仍然虧缺。一百五十多年來，西潮激盪，於是事事落後的情狀明顯，對此，仍然只知「無事袖手談心性」者，是否就可以更新儒學？如何「開出」科學、「轉出」民主？

人類既有兩性，談「心」說「人」，自應男女兼及。不過，以上云云，傳統云云，都絕大部份似乎單為有史以來就掌權作主的男性而說，婦女的教育權、參政權，直到現代才提升到平等。不必「訴諸他惡」地辯說：「人家西方也是近世的事」，如果不是人家的打擊與傳教，我們還不會「見賢思齊」而奮起直追，我們還繼續以「陰陽」「尊卑」的理論來自欺欺人，來掩飾不公不義！

……

以上種種思想的、文化的基本問題，我們當然不應對「是人，不是神」的孔子求全責備，當然不能讓二千多年來早已「曲突徙薪」「補苴罅漏」以艱苦經營、撐持那「人文化成」大局而弄得焦頭爛額的儒家良士獨任其咎，當然不能對同樣責無旁貸的，以逍遙觀賞為高、以捨離解脫為能的其他重要思想放過不講。——講公道話：如果沒有孔子的棲棲皇皇，教誨開示，如果沒有《論語》的記錄言行，傳流百世，沒有歷代讀聖賢書者的薪盡火傳、成仁取義，一切更不堪設想！

不過，要反省、要深思的是：單就儒家來說，是否對人性過於樂觀，所以方法欠周密、觀察不通透？

早在漢初，雜家而近於老莊的《淮南子》批評儒者：

「不本其所以欲，而禁其所欲」，「是猶決江河之源而障之以手也！」（《精神訓》）實在是生動、深刻而精到！

當然，道家也只是冷靜而高逸地惋惜、譏嘲，自己並不提出，也拿不出甚麼辦法。二千多年來的歷史早已說明這點。現代我們懷念而尊敬孔子、珍惜而研讀《論語》的人，要怎樣思想？嘗試一些甚麼辦法？

中華傳統三教表

陳耀南　製

比較事項	儒家	佛家（釋）	道家	道教
名號本義	以良心為主的溫和學者	悟、行、度化圓滿的覺者	順服最高真理的智者	以道為名的多神／泛神信仰者
宗師	孔子、孟子、荀子等	釋迦牟尼、諸佛	老子、莊子等	神化了的老莊等虛實人物
大道本質	以心性為本的倫常之理	悟解執幻的靈明自覺	自本自根，涵蓋一切的超越本體	倫理承儒，哲詞襲道，教儀仿釋而不重出家；盡取陰陽五行術數之學，時時選取他家所說而游移離合其間，匯構而成龐雜信仰，作為中國本土之一大宗教。
宇宙觀	陰陽和合，難以究詰	因緣散聚，心識所現	自然形成，不必究詰	
世界觀	人文世界	感覺世界	情意世界	
	是非善惡親疏貴賤，一切有別有序有等	一切分別皆是虛幻；泯除差異即是覺悟	一切差異分別，相對共存而互轉	
	萬物以人為貴	萬有皆空	萬物皆一	
生死觀	靈魂身後存而不諭，立德立功立言死而不朽	生死形軀之變，四大聚散心識輪迴不已	死生無變於己，天地與我並生	

比較事項		儒家	佛家（釋）	道家	道教
人生觀	目的	人生是實，群居和一為榮	人生亦幻，常樂我淨是真	人生如夢，逍遙自得為適	
		人際關係之協和通達	自我與眾生之捨離解脫	個人處世之獨立自由	
		立德、立功、立言	自度度人	自然無為	
		在人生使命中希聖希賢	在人生痛苦中覺悟自在	在人生勞累中逍遙觀賞	
		社群公範之維修	心靈解悟之啟發	個人情意之安適	
	修養	知其不可（命）而為之（力），以化成人文	覺悟虛幻，捨離世累，以放下、解脫	無為（順應自然）而無不為（心靈自由），心齋坐忘以自安自樂	
道德觀		履行忠恕，立己立人	（權法）諸惡莫作，眾善奉行 （實法）善惡皆幻，因果是真	人為規範，不必認真	
罪惡觀		違逆倫常		適應自然是善，否則是惡	
價值觀		彰顯善惡，化民成俗	差別皆泯，自度度人	淡處差別，嬉戲應世	
痛苦觀		天災難明，人禍因無知與情慾	因果輪迴業報	不能究詰，無可如何	

比較事項	儒家	佛家（釋）	道家	道教
天人命運觀	苦樂在天，善惡出己	迷悟在己，知幻是樂	順天為樂，勞人是苦	信行「我命在我不盡在天」，修內外丹功以求益壽延年甚至肉體升仙，通天人之隔
	盡人事以安天命	自業自報，自作自受	以無待而游於無窮	
	遵天而勉人	本心主天人禍福之報	天與人不相勝	
根本得力	吾心良知	本性覺悟，他力接引	自意逍遙	兼雜「天／人」「心／物」「自／他」諸力
教義括要	重心輕物 重德輕智 重人輕法 敬神而遠	攝神歸心 實心虛物 無可執持	輕忽世務 不莊不敬	貴心任物
	誠心入世而淑世	釋心悟世而出世	游心超世而玩世	泛神應世而戀世

學而 第一

1.1

子曰：「學而時習之，不亦說乎？有朋自遠方來，不亦樂乎？人不知，而不慍，不亦君子乎？」

譯文

孔子說：「學了，又能夠有時機實習，不是很值得高興嗎？（有了成績，）朋侶從遠方而來（跟隨着學習），不是很快樂嗎？（雖然有成就，不過）人們不了解、不欣賞，卻並不怨恨在意，不是很有修養的一位君子嗎？」

評講

「習」的本來字義是「雀鳥學飛」，所以應該重視實際經歷，體驗印證，不是一般所解讀書溫習而已。

「說」音義同「悅」。

「人不知」有解作「教而人不能通曉」者，但既與「慍」字連繫，則應與「不患人之不己知」〔1.16、14.30〕「不患莫己知」〔4.14〕等同義，否則只是一個不發怒（或者不着緊）的教師，就可稱為「君子」了嗎？

有子曰：「其為人也孝弟，而好犯上者，鮮矣；不好犯上，而好作亂者，未之有也。君子務本，本立而道生。孝弟也者，其為仁之本與！」

譯文 有若先生說：「他的為人孝父母，愛兄弟，而喜歡冒犯尊長的，很少見了；不喜歡犯上而喜歡作亂的，就從來未有啊！君子務求建立根本，根本立好了，道理就會產生。孝弟這些，就是仁道的根本吧！」

評講 弟，同悌，為弟者敬兄之道。儒者認為兄弟同氣連枝，所以兄弟怡怡，足以上慰親心，下衍宗族，是幸福之家的根本。可惜現實的情況是：人性喜奪好鬥，父母又難免偏心，加重妒忌，名利權色之爭，再加上配偶因素，更使近在咫尺的兄弟（姊妹）不和。《左傳》和基督教《聖經》第一個人間殘殺的故事，都是兄弟相爭。中國歷史「玄武門之變」，著名文人古之曹丕曹植，今之魯迅周作人，其間無數悲劇慘劇，不斷重複演出，至於並非同出一父者，所謂「兄友弟恭」比「孝道」更

1.3

子曰：「巧言令色，鮮矣仁。」

易流為表面空談。所以，如何真正用「愛」解決？人間之愛根本何從而來？基督教亦說孝友；但真作耶穌門徒，須愛十架之道過於戀家，甚至不惜與之為敵（《太》10.35-39，16.24；《可》8.34；《路》9.23，14.26-27）——這些，都是應該深入思考的問題。

大抵論到家人之間關係，親疏厚薄情理之間，理想與現實矛盾重重，即孔孟亦唯有歸本於「知命守義」（參看《孟子．盡心下》）盡人事以安天命，無可如何；他人的答案，就更難滿人意了。

《論語》於孔子弟子一般稱別字，只是曾參、有若稱「子」。一向的解釋是：兩人的弟子可能就是編集者，所以特尊本師。《孟子．滕文公上》記孔子死後，弟子思慕甚切，「以有若似聖人，欲以所事孔子者事之」，曾子拒絕這個提議。據《史記．仲尼弟子傳》說，其後有若亦證明不勝任而避席。今人蔣伯潛《諸子通考》指出：《論語》記有若者凡三章〔按即 1.2 及 1.12、12.9〕均非與孔子問答，其與孔子之關係並不明顯，懷疑他是年輩較次的同時代學者，未嘗受業於孔子云云。此說值得注意。

譯文 孔子說：「語言務求花巧，神態盡量討好對方，人的真實成份就很少了。」

評講 孔子認為「仁」是人之所以為人的真實本質。孔門固然有「言語」一科，論孝也有「色難」〔2.8〕之教，仍是貴誠而賤偽。

1.4

曾子曰：「吾日三省吾身：為人謀而不忠乎？與朋友交而不信乎？傳不習乎？」

譯文 曾子說：「我每天拿幾件事反省自己：替人想辦法，有盡心嗎？和朋友交往，講話有信實嗎？老師傳授我的東西，有實習嗎？」

評講 「三」是虛數，表示「屢屢」之意，前人有主張改讀去聲（息暫切）者。曾子善反省，終生不懈。（參看〔8.3、15.16〕）

1.5

子曰：「道千乘之國，敬事而信，節用而愛人，使民以時。」

譯文 孔子說：「領導一個千輛兵車的大國，要謹慎而誠信地工作，節約費用，愛護他人。役使民眾，盡量不要妨礙耕作生產。」

評講 周代各國實力，以擁有兵車數目為準。一般一車四馬，車上戰士三人，分掌御車、遠射、近刺、隨行兵卒七十餘人，外加後勤、補給等等，共由百戶人民供養。千乘之國，即約十萬軍士，如同時孫武《兵法．用間篇第十三》所說：「凡興師十萬，出征千里，百姓之費，公家之奉，日費千金，內外騷動，怠於道路，不得操事者，七十萬家。」治國者必須無比敬慎。現代學者頗有因政治影響而強調「人」是貴族，「民」為百姓者。孔子原意未必如此，此處尤不必從。

1.6

子曰：「弟子入則孝，出則弟，謹而信，泛愛眾，而親仁；行有餘力，則以學文。」

譯文 孔子說：「後輩們：在家孝親，出外敬長，謹慎誠實，普遍地對人和好而親近仁德者；各方面都做到了，還有餘力，就同時學習書本文獻知識。」

評講 道德教育在一切之先，正是儒家之教。第二個「弟」字音義同「悌」。

1.7

子夏曰：「賢賢易色。事父母能竭其力，事君能致其身，與朋友交，言而有信；雖曰未學，吾必謂之學矣。」

譯文　子夏說：「敬愛才德，代替了只被容色吸引。事奉父母盡心盡力，對待君主獻上自己，與朋友相交講話誠實有信用——（能做到這些，）雖說未曾學習，我也說他已經學過了。」

評講　世上許多人，恐怕是「雖曰已學，吾必謂之未學矣。」

1.8

子曰：「君子不重則不威，學則不固。主忠信，無友不如己者。過，則勿憚改。」

譯文　孔子說：「君子不自重，就沒有尊嚴，所學的就不穩固。忠信是待人的主要原則，（應該看到朋友總有他的長處、優點。）沒有一個朋友是樣樣都不如自己的，（不可予智自雄，不要驕傲，由他人之長，看到自己的短處與缺失，所以，）有過失就改正，不要怕麻煩。」

評講　原文首次兩句似一氣直貫。但自來亦有謂「君子」以下每節獨立，此處解作：若能學，則不固陋拘執。「固」字變作貶而非褒，陳大齊《論語臆解》主此。孔子說「三人行，必有我師焉。」〔7.22〕。所以，「無友不如己者」不當如許多人所解釋為：「不要結交不如自己的人」——第一，倘作此解，則「無」應作「毋」，但若如此，人人都「不結交不如自己」的人，則世間將無人可有朋友；第二，聖人之言，應該不至如此勢利。所以，向來懷疑或者嘗試彌縫此句者甚多。至於屬於「損者三友」，真正一無足取、毫無長處的人，當然遠之則吉，至少長期停在「泛泛之交」層次，不算「友」了！本章後半亦見《子罕》篇〔9.25〕。

1.9

曾子曰：「慎終追遠，民德歸厚矣。」

譯文　曾子說：「慎重處理父母生命終結的事，追念遠世的祖先，（這樣上行下效，形成風氣與傳統，）民眾的習性就歸於淳厚了。」

評講　此語一向作喪葬孝道解。《孟子．滕文公上》《荀子．禮論》均有發揮。今人南懷瑾襲佛家之論，以「得善果」為慎終，「種善因」為追遠，可備一說。

子禽問於子貢，曰：「夫子至於是邦也，必聞其政；求之與？抑與之與？」子貢曰：「夫子溫、良、恭、儉、讓以得之，夫子之求之也，其諸異乎人之求之與？」

譯文　子禽（陳亢）問子貢說：「孔老師到了一個國家，一定參與了解當地的政治——是他自己找機會呢？抑或是人家給他？」子貢說：「老師溫和、良善、恭敬、節儉、謙讓，感動他人，因此得到了解——他之所以得到，和別人的方法，總有不同吧？」

評講　孔子周遊列國，後來《呂氏春秋》《說苑》《史記》均謂所見七八十君。《史記索隱》則謂無此之多。參看〔9.13〕。

子曰：「父在觀其志，父沒觀其行；三年無改於父之道，可謂孝矣。」

譯文　孔子說：「父親在時，看他的志向；父親死了，看他的行為，三年期間，沒有改變父親的方針理念，可說是孝了。」

評講　開首兩句兩個「其」字，指父親還是指兒子？漢孔安國、宋朱熹都解為「子」，是第三者所旁「觀」；宋范祖禹、清錢大昕都解為「父」，是為子者所觀（生前則承順其志，死後則繼述其行），雙方都言之成理。又有以「無改」為句者，其解更歧。「三年無改……」一語，今日更涉保守甚至愚孝之譏。釋者或說「道」應指合理正確者，又說「三年」指多年，不只居喪時限。朱熹《集注》引尹氏意見：如果是道，應該終身不改；如果非道，應該即改，不過，孝子之心有所不忍，所以三年無改，一切居喪之後再算。

有子曰：「禮之用，和為貴。先王之道，斯為美；小大由之。有所不行，知和而和，不以禮節之，亦不可行也。」

譯文

有若先生說：「禮的作用，貴在人際關係的協和、溝通。前代成功政治領袖的寶貴經驗，就以此最為美好。不論大事小事，協和的途徑都值得遵循——不過，也要考慮：如果單單為和協而和協，忘記了用大家都尊重認同的『禮』這個更高原則來衡量、制約，那又是不可行的了！」

1.13

有子曰：「信近於義，言可復也。恭近於禮，遠恥辱也。因不失其親，亦可宗也。」

譯文　有若先生說：「所信約的近於義理，承諾的話就會實現。恭敬近於禮法，恥辱就會遠離。憑藉的不失親情，也就可靠了。」

評講　三句前半「近」而「不失」禮、義、親情，慎始是因；後半「可復」「遠辱」「可宗」，善終是果。「因不失其親」五字，歷來歧解甚多，亦有謂即後來形聲「姻」字，所以有「親家」一詞者。娶女加入男系中心家族，擴展親情，宗枝繁衍。

1.14

子曰：「君子食無求飽，居無求安，敏於事而慎於言，就有道而正焉；可謂好學也已。」

譯文　孔子說：「君子（不以滿足肉體本能為人生理想，所以）吃食不追求飽足，居住不追求安逸，做事講效率，講話務小心，接近有道之士以匡正自己。（這樣）可說是喜愛學問了。」

子貢曰：「貧而無諂，富而無驕，何如？」子曰：「可也；未若貧而樂，富而好禮者也。」

子貢曰：「詩云：『如切如磋，如琢如磨。』其斯之謂與？」

子曰：「賜也，始可與言詩已矣，告諸往而知來者。」

譯文

子貢（端木賜）說：「貧窮，卻不諂媚；富有，卻不驕傲，怎樣？」

孔子說：「可以了，不過還比不上貧窮，卻能喜樂；富有，卻能愛重文化。」

子貢說：「詩篇（《衛風．淇奧》）這樣講：『像骨、角、玉、石，要先切開成型，磋治各處，跟着雕琢細部，最後磨光全體。』就是這個（不斷精進的）意思吧？」

孔子說：「賜啊！可以開始和你談詩三百篇了——告訴你過去的，你就知道未來的。（聯想、推理的能力真好呀！）」

評講

子貢本商賈之子，富才華，美儀表，善言語，好聯想，舉一反三能力極佳，常得孔子讚賞，推為「瑚璉之器」〔5.4〕，日後成就於貨殖〔11.19〕，與外交政事者甚高，其對孔子敬佩揄揚與懷念亦甚至（參看〔19.22、19.23、19.24〕）。此處師生問答，具見子貢特別關心之事，與孔子因材施教、應機啟導之法。以具體形象為比喻，這個說理修辭藝術，繼續流行於後世。

子曰：「不患人之不己知，患不知人也。」

譯文 孔子說：「不擔心人家不了解自己，擔心（自己）不了解他人啊！」

評講 不知人，一是能力問題，二是妒忌問題，所以特別是做領袖者，貴有知人之明，用人之能與容人之量。（參看〔4.14、14.30、15.19、15.20〕）

為政 第二

2.1

子曰：「為政以德，譬如北辰，居其所而眾星共之。」

譯文　孔子說：「以道德來管理國家，就像看來不動的北極星，自己安處在一定位置，其他眾星都環繞着它，拱衛着它。」

評講　共，原字像兩對作拱的手，衍化為「拱」「恭」等字。

2.2

子曰：「詩三百，一言以蔽之，曰：『思無邪。』」

譯文　孔子說：「詩三百篇，一句話概括，就是心念集中沒差錯。」

評講　詩三百，即後來所稱《詩經》。實三百零五篇，其中《魯頌．駉》描寫魯侯牧馬之盛，四章末節有「思無疆」「思無期」「思無斁」「思無邪」等句，原文「思」本是無意義的發語詞，分別讚歎「無止境」「無止期」「無厭倦」「無差錯」。孔子重德，後人廣泛引申此語為「不涉邪念」之意，變成儒家文藝評論標準。

2.3

子曰：「道之以政，齊之以刑，民免而無恥；道之以德，齊之以禮，有恥且格。」

譯文　孔子說：「（如果）用法規命令去領導，用刑法來整齊行為表現，民眾可以免於犯罪，不過（只是盲目遵從，甚至陽奉陰違，）沒有羞恥的自覺；（如果）用道德去引導，用禮儀來做標準，（他們）就有廉恥，有規範了。」

評講　社會不能沒有「刑法」；不過，喚起道德自覺的「教育」，始終是根本。

2.4

子曰：「吾十有五而志於學；三十而立；四十而不惑；五十而知天命；六十而

耳順；七十而從心所欲，不踰矩。」

譯文　孔子說：「我十五歲，便有志於大人的學問；三十歲，在立身處世上開始有所建樹；四十歲，對事物有了定見，不易迷惑；五十歲，認識上天給予人類的使命和限制；六十歲，聽到話就能了解真意，而且連比較逆耳的話，都不大介意了。到了七十，就隨意放鬆一下心念，總之都沒有越過規矩。」

評講　有：同「又」，古人稱呼與十、百相連的零數，往往在中間加「有」字。「耳順」一詞不易確解。唐人及日刊《論語》，有作「七十而縱心」者。

2.5

孟懿子問孝。子曰：「無違。」樊遲御，子告之曰：「孟孫問孝於我，我對曰：無違。」樊遲曰：「何謂也？」子曰：「生事之以禮；死葬之以禮；祭之以禮。」

譯文　孟懿子請問孝道，孔子說：「不違背。」（後來）樊遲替孔子駕車，孔子告訴他：「孟孫向我詢問孝道，我答他說『不違背』。」樊遲說：「是甚麼意思呢？」孔子說：

「父母在生，以禮事奉；去世，以禮安葬；（此後，）以禮祭祀。（總之，一切不違背禮，不離開禮。）」

評講　孟孫是魯國「三桓」貴族之一，謚為「懿子」，遵父命從孔子學。

2.6

孟武伯問孝。子曰：「父母唯其疾之憂。」

譯文　孟武伯請問孝道。孔子說：「父母只是為疾病擔憂。」

評講　「其」字一向有歧解，如果指父母，就是雙親漸老，身體漸壞，為子女者憂心他們的健康，所謂「父母之年，不可不知也，一則以喜，一則以懼」（4.21）。如果指兒女，父母為自幼至長的兒女健康擔心操勞，那是「凡有眼看的就當看」了。所謂「子生三年，然後免於父母之懷」（17.21），「提攜捧負，畏其不壽」（李華《弔古戰場文》）之後，還有一大段日子的教養撫育，才可成人，為子女者能不感恩，能不自愛以慰雙親嗎？「癡心父母古來多，孝順兒孫誰見了。」不論「其」字指誰，能體會任何一個解釋，都不錯了！

2.7

子游問孝。

子曰：「今之孝者，是謂能養；至於犬馬，皆能有養；不敬，何以別乎？」

譯文 子游問孝道。孔子說：「現在一般所謂行孝，就是說能夠養活父母罷了，其實人們對狗對馬，都能夠飼養，沒有了敬重之意，又有甚麼分別呢？」

評講 「至於犬馬皆能有養」，或解為「犬馬皆能守禦代勞以服事人」云云，實嫌牽強。《孟子·盡心》上篇：「食（讀飼）而弗愛，豕交之也；愛而不敬，獸畜之也。」《大戴禮記·曾子大孝》篇：「養可能也，敬為難。」與《論語》本章文義相發。

「孝」的文字結構，是「子」把「老」負在背上；肯不肯負上呢？以甚麼心情負上呢？負上以後走往何處呢？怎樣保證社會大眾以愛心負上在生活戰線退下來的兵，「老者安之」〔5.26〕，讓他們有尊嚴、有溫暖地「老有所終」（《禮記·禮運大同》）呢？

2.8

子夏問孝。

子曰：「色難。有事，弟子服其勞；有酒食，先生饌，曾是以為孝乎？」

譯文　子夏請問孝道，孔子說：「難在發自內心的和顏悅色。(如果單講形式的話，) 有工作，年輕人效勞；有飲食，年長者先享用，難道這就算孝道嗎？」

評講　原文「色難」語太簡略，有人或解作「鑑貌辨色，先意承志」，觀測並且迎合父母的心思。

但孔門論孝，並未主張凡事迎合，但保持敬禮而已。(參看〔4.18〕)

先生，指親長；弟子，本意是行悌行孝的為弟為子者，不過後人早就引申為「學徒替師長服務」了。

2.9

子曰：「吾與回言終日，不違，如愚；退而省其私，亦足以發，回也不愚！」

譯文　孔子說：「我和顏回講論整天，(他) 都沒有反對意見和問題，就像笨人一樣；不過，回去後省察他的私下所得，也都足以發揮所學，顏回啊，不愚笨！」

評講　「退而省其私」——孔子省察還是顏回自省？向來也有各不相下的歧解，《論語》之中，這樣的例有好幾個。

2.10

子曰：「視其所以，觀其所由，察其所安，人焉廋哉！人焉廋哉！」

譯文　孔子說：「審視他為了些甚麼（動機原因），觀覽他經歷些甚麼（行為途徑），考察他安心於甚麼（自然習慣），（這樣層層深入，研究探討，）人又怎能隱藏呢？又隱藏到哪裏呢？」

評講　廋，音「搜」，隱匿。

所以，觀人於微，也要冷靜、全面、耐心、長久。

2.11

子曰：「溫故而知新，可以為師矣。」

譯文　孔子說：「舊的學問不冷卻，新的知識能吸收，可以做老師了。」

評講　不要只是「溫習舊書」，為學，要「日新又新」（《禮記．大學》），倘若「為師」，就更須如此。

2.12

子曰：「君子不器。」

譯文　孔子說：有修養的人，不像器皿一樣。（只有特定的用途，而且沒有自覺主宰。）

評講　孔子又稱讚子貢為「器」〔5.4〕，這是場合、境界不同，不是矛盾。基督徒也被教為「神的器皿」而不做「人的工具」。

2.13

子貢問君子。子曰：「先行其言，而後從之。」

譯文　子貢問君子之道，孔子說：「先實踐所要說的話，然後跟着講論也不遲。」

評講　基督教《聖經》說：「我們相愛不要只在言語和舌頭上。」（《約翰一書三章十八節》）

孔子愛重子貢，因為他最善言語，所以這樣教勉他。亦有解「行」為「實驗」，「言」為「假說、理論」，「從之」為「繼續實施，發展完成」者。

2.14

子曰：「君子周而不比，小人比而不周。」

譯文　孔子說：「有地位修養的人，普遍地忠信待人，不結黨營私；相反的普通人，就只知依附權勢，搞小圈子。」

評講　「比」字本義是兩人相鄰靠攏在一起，引申為「比較」，此處用本義，這句楊伯峻譯得傳神：「君子是團結，不是勾結；小人是勾結，不是團結。」

2.15

子曰：「學而不思則罔，思而不學則殆。」

譯文　孔子說：「學習而不思考，就迷惘；思考而不學習，就危險。」

評講　不慎思，不明辨，讀書越多越糊塗；不踏實、不虛心，想像越奇越闖禍。（參看〔15.31〕）藝術氣質放縱在人生實務上面，往往累己累人，甚至殃民禍國。歷史上的例子多了！

2.16

子曰：「攻乎異端，斯害也已。」

譯文　孔子說：「攻擊批判那些立場錯誤的言論，禍害就停止了。」

評講　「端」就是立腳點、起點、論點，因此「異端」每每被連繫視為「邪說」。此句原文簡略。「攻」字既可有「攻擊」「攻治」二解，「已」亦可解「停止」，可作語末歎詞。因此可有交錯而成的歧解：

一、研習異端，這便有害了（攻，攻治；也已，感歎詞）。

二、攻擊異端，這便有害了（和而不同，寬容異議）。

三、了解異端，（入虎穴而得虎子，知道它的虛實，）禍害便完結了。

今日的共識：社會要「多元」；不過，做人的安身立命，也要「擇善固執」「一以貫之」（4.15、15.3），有所信、有所守。

2.17

子曰：「由！誨汝知之乎？知之為知之，不知為不知，是知也。」

譯文　孔子說：「仲由啊，教導的道理你明白嗎？知道就是知道，不知道就是不知道（誠誠實實，不欺人，更不自欺，）這就是智慧了。」

評講　實事求是，對人、對事、對學，都要忠誠，這是對治「假、大、空」之法。問題是單靠人的良知，能否如此。

2.18

子張學干祿。子曰：「多聞闕疑，慎言其餘，則寡尤；多見闕殆，慎行其餘，則寡悔。言寡尤、行寡悔，祿在其中矣！」

譯文　子張努力尋求「入職、加薪、升級」的祕訣。孔子說：「多聽，保留懷疑的地方，餘下的才謹慎地談，這就少犯錯誤。多看，保留不安的地方，餘下才謹慎地做，這就少惹後悔。話少講錯，事少做錯，俸祿官職就在其中了！」

評講　孔子是這樣誠懇地教學生，不過許多人就是為了「干祿」才來求學（「干」就是主動向前探求之意），後世以利益為酬，考試取士，就連這段話都變成作文題材，化為商品了——當然，富貴是人之所欲，陳義過高恐怕無補實際，能讓聖人之言在以「讀書作文為買賣」的過程中，發揮一些「副作用」的感染力，使人「言寡尤、行寡悔」，已經不錯了。

2.19

哀公問曰：「何為則民服？」孔子對曰：「舉直錯諸枉，則民服；舉枉錯諸直，則民不服。」

譯文　魯哀公問：「怎樣做，民眾才順服？」孔子答道：「把直的放在曲的上面，民眾就服；把曲的放在直的上面，民眾就不服。」

評講　因為「公道自在人心」，所以任何層次的管理，都要「開誠心，布公道」，如《出師表》所謂：「陟罰臧否，不宜異同。」

2.20

季康子問：「使民敬、忠以勸，如之何？」子曰：「臨之以莊，則敬；孝慈，則忠；舉善而教不能，則勸。」

譯文　魯國主政貴族季孫氏（謚「康」，名「肥」）請問孔子：「想人民莊重認真、忠心盡力，而且互相勉勵，怎麼辦？」

孔子說：「在上領導者莊重對人，民眾對政府也就莊重；領導者自己孝親慈幼，民眾也就盡力盡心；領導者公心選拔賢能，愛心培育能力不足者，民眾也就會互相勸勉。」

評講　儒者「以身作則」「上行下效」「風行草偃」等等信念，由此可見。

2.21

或謂孔子曰：「子奚不為政？」子曰：「《書》云：『孝乎，唯孝，友于兄弟，施于有政。』是亦為政，奚其為為政？」

譯文　有人對孔子說：「你為甚麼不參加政治？」孔子說：「《尚書》有一句：『孝道啊，就是孝順父母，友愛兄弟，推及於國政。』（你看：）這也就是政治了，何必一定要出來參政呢？」

評講　古人化家為國，認為治理之道相通。後來《禮記．大學》就有著名的「修身齊家治國平天下」一貫之理，影響國人思想既久且深。不過，家人是血緣情感的結合，親疏厚薄、遠近輕重之間，已經許多微妙矛盾，己身雖修，未必家就能齊。傳說中的聖王堯舜，尚且有不肖之子、愚頑的父母與弟，到了情感層次更多、利害關係更複雜的社會，就更難說了。歷史上治國最成功的莫如唐之太宗、清之康熙，修身如何？齊家如何？稍讀實錄便可知道。現代男女平權，婚姻多變，公民、政府、代議士之間，尤不可以傳統倫理盡包。——當然：人際關係倫常教育，從慈孝友愛開始，這是金科玉律、金石良言了。

‖2.22

子曰：「人而無信，不知其可也。大車無輗，小車無軏，其何以行之哉？」

譯文　孔子說：「做人而沒有信實，不知道怎麼可以了！（沒有信任作為聯繫，就像）大車沒有輗，小車沒有軏，靠甚麼來帶動呢？」

評講　輗音「倪」，軏音「月」，就是牛車（大）馬車（小）轅前橫木套住畜牲的關鍵，以此連繫和傳遞動力，比如現代車卡之間的鐵鈎。以喻人際互信與互動，實在適切。

‖2.23

子張問：「十世，可知也？」

子曰：「殷因於夏禮，所損益，可知也。周因於殷禮，所損益，可知也。其或繼周者，雖百世，可知也。」

譯文　子張問：「十代（以後）的禮法制度，可以預測嗎？」孔子說：「殷沿襲夏禮制的所增所減，可以知道；周沿襲殷，所增所減也可以知道。將來如果有繼承周的，（不要說「十代」，）即使一百個世代，都可以預測了。」

評講　中國傳統所以重視史學。

2.24

子曰：「非其鬼而祭之，諂也。見義不為，無勇也。」

譯文　孔子說：「不是自己（本應祭祀）的先靈而去祭祀，就是諂媚。見到應做的事而不去做，就是懦怯。」

評講　祭非其鬼，謂之「淫祀」；而只知為生存而生存貌似老實好人的牆頭草，孔孟斥之為「鄉原，德之賊也。」〔17.13〕

八佾 第三

3.1

孔子謂季氏：「八佾舞於庭，是可忍也！孰不可忍也！」

譯文

孔子談到了（魯國當權貴族）季孫氏：「他們竟然僭越禮制，以天子所用、行列方橫八人六十四個隊員的舞蹈（佾，音「逸」）來擺排場，這樣的事能夠容忍，還有甚麼不能容忍呢！」

評講

為人務忍耐寬容，但也不可失了「義憤」。基督徒信仰溫柔、謙卑、慈愛的耶穌基督，也曾憤怒地替聖殿「清理門戶」。

3.2

三家者以《雍》徹。子曰：「『相維辟公，天子穆穆』，奚取於三家之堂？」

譯文 同出於魯桓公而為卿掌政的三大家族——孟孫（即仲孫）、叔孫、季孫——所謂「三桓」啊，在祭祖典禮尾聲、收徹俎豆祭品（「徹」）的時候，竟然用天子之禮，歌唱《周頌》武王祭父之樂《雍（雝）》詩！孔子說：「『相維辟公（佐禮的是四方諸侯），天子穆穆（莊重靜穆在主持的，是天子）』——這些話啊，在三家的大廳堂上，用得着嗎？」

評講 珍重保守古禮的孔子，預感到蟻穴之潰終將不可免而憂心。有野心而且喜愛排場和權勢的三桓，卻自覺也是文王、周公子孫，而勇悍地變通隨時。甚麼是「經」？甚麼是「權」？於是爭論不息、研究不已！（參看〔3.10，16.2，16.3〕）

3.3

子曰：「人而不仁，如禮何！人而不仁，如樂何！」

譯文 孔子說：「作為人，卻沒有仁德，禮有甚麼意義呢？作為人，卻沒有仁德，樂有甚麼意義呢？」

評講 沒有了仁愛，動聽的言語不外是「鳴的鑼、響的鈸」，壯觀的架勢更是塗了白堊的墳墓，基督教《聖經》的比喻，生動深刻。（參看〔17.11〕）

3.4

林放問禮之本。子曰：「大哉問！禮，與其奢也，寧儉；喪，與其易也，寧戚。」

譯文 林放問禮的原則、根本。孔子說：「這問題真大啊！禮，與其奢侈鋪排，不如精簡樸實；喪葬，與其駕輕就熟地依程序照做如儀，不如真心盡情、抒發哀戚。」

評講 「易」字或解平易順弛，或解變易喪服儀容，都是外在表現，而「戚」則是由內而外的憂傷。或說：「禮」「喪」異道，一則宜儉，一則戒於苟簡，因為儒家向重久喪厚葬。

3.5

子曰：「夷、狄之有君，不如諸夏之亡也。」

譯文 孔子說：「夷狄之有君主，不如中原各國沒有啊！」

評講 「不如」，是「不如其好」，還是「不如其弊」？一個解法是：夷狄有君而無禮，不如諸夏雖偶然無君（如西周厲王無道，被逐奔彘，到宣王即位之間十四年，由周召二公——或說共伯和——攝政，號為共和，暫無天子。）而禮義不廢，文化精神與傳統，重於連犬馬牛羊都有的君臣關係。

相反的解法是：夷狄尚有君長從屬，不似中國諸侯放恣，陪臣執國命，以君長為傀儡，甚至視如無物。

孔子重禮正名而尊君，又稱許管仲攘夷狄，使中國之人不至「被髮左衽」，所以兩解都可說有據。參考韓愈《原道》篇所用經文，則本前解。

3.6

季氏旅於泰山。子謂冉有曰：「女弗能救與？」對曰：「不能。」子曰：「嗚呼！曾謂泰山不如林放乎？」

譯文 季孫氏（違背了只有天子諸侯才可祭祀山川這個禮制，竟僭越地）去祭泰山，孔子對冉有說：「你不能挽回（這件失禮之事）嗎？」答道：「不能」，孔子慨歎：「唉，難道泰山神靈，知禮的程度不如林放之懂禮，問「禮之本」〔3.4〕——神靈會悅納季氏的祭祀嗎？」

評講 成長生活在岱宗之麓的聖人，當然會「向山舉目」，自己默想，以至呼召大家一同反省：禮樂的意義，以及根源所在。以事主為重、立功為急的冉有，想法做法，自與夫子不同。（參看〔11.17、16.1〕）

3.7

子曰：「君子無所爭，必也射乎。揖讓而升，下而飲；其爭也君子。」

譯文 孔子說：「君子沒有甚麼可爭鬥的，如果一定要爭鬥，就比賽射箭技藝好了，（看：大家）作揖、禮讓一番，然後登上大堂，賽事完結了，大家又下來飲酒行禮，那場比賽也是一種君子行為啊！」

評講 且看從古希臘到現代的運動競技大會，也可見東海西洋相似的文明精神。

3.8

子夏問曰：「『巧笑倩兮，美目盼兮，素以為絢兮。』何謂也？」子曰：「繪事後素。」曰：「禮後乎？」子曰：「起予者商也，始可與言詩已矣！」

譯文 子夏（卜商）問道：「『笑得漂亮又迷人啊！美麗的眼睛朝我看啊！白白的絹上畫了彩啊』這幾句詩甚麼意思呢？」孔子說：「繪畫要先打白色的底（然後彩色才更顯現）。」子夏接着回應：「（這樣說來）禮儀文飾，就在（先有真誠的仁義本質）之後了？」孔子（很高興地）說：「啟發我的就是卜商了，現在可以和你談詩了！」

評講 子夏所說三句詩，前二見於《衛風．碩人》，第三句可能已經失傳。

所謂「繪事後素」究竟是「後於」抑或「然後」？前人有引漢鄭玄「先布眾采，然後以素分其間以成其文」為解，異於宋朱熹「先以粉為質而後施五采」之說。我們小心「分其間」與「為質」兩個講法，便知二者其實並非完全相反——前者是在畫的虛白處後加素粉以襯托，後者是先以素白為全畫的底色（也有用類似裱畫之法，在布絹後底加白紙板以襯托者），方法雖各出巧心，無論「先素後繪」抑或「先繪後素」，都是以純潔的素白托起絢爛的彩色。

3.9

子曰：「夏禮，吾能言之，杞不足徵也；殷禮，吾能言之，宋不足徵也。文獻不足故也。足，則吾能徵之矣。」

譯文

孔子說：「夏代的禮，大略我能講講，不過，要從夏的後代杞國搜羅印證，就不夠了。殷代的禮，大略我能講講，不過，要從殷的後代宋國搜羅印證，就不夠了。都因為文字資料（典籍）與人才資源（賢者）都不足夠的緣故；否則，我就能取以為證了。」

3.10

子曰：「禘自既灌而往者，吾不欲觀之矣。」

譯文 孔子說：「這禘祭啊，從第一次獻酒儀式過後，我就不想看下去了！」

評講 「禘」是極隆重的王朝祭祀大典，以太祖配天，於是追祀祖宗之所從出的天帝（所以其字從「示」從「帝」，會意兼聲）。周天子是當然的主禮人，不過早從成王開始，就因周公旦功勛極高而賜所封魯國亦得行此禮。此後沿為成例。

「灌」與「祼」（非「裸」字）音義相同，以所獻祭的酒滴酹於地以獻神。敬天祀祖，酬神安人，上古宗教禮儀，通常如是，但隨日既久，關係漸遠，情感難免趨於淡薄，而一切漸成虛文。珍重傳統的孔子，因此無可如何地慨歎！（參看下章及《中庸》第十九章）

另一方面：人有機會就想「僭越」，有「特權」必望久享，有「虛榮」難免炫耀，孔子大抵都「不欲觀之」，也無可如何了！

3.11

或問禘之說。子曰：「不知也；知其說者之於天下也，其如示諸斯乎！」指其掌。

譯文 有人問禘祭的說法。孔子答道：「不知道呀！知道的人，對於治理天下，就會清楚得像看這裏了！」——一面說，一面指着自己的手掌。

評講 尊天念祖，則親親仁民而愛物；宗教、倫理、政治，一貫而一體，孔子信奉而發揚的傳統觀念如此理路分明，猶如指掌紋脈。或說禘本天子之禮，成王以授周公旦，其後魯因周公之嗣亦用，均實非禮，至此又更懈怠疏淡，流為虛文，故歎為「不欲觀」（參看〔3.10〕）。但不便明言，故曰「不知」而示以其掌云云。學者於此探討，自有餘地。

3.12

祭如在，祭神如神在。子曰：「吾不與祭，如不祭。」

譯文 孔子祭祀誠懇恭敬，就像祖先真的在那裏，神靈真的在那裏。孔子說：「我如果不親身參加，就等如沒有祭祀了。」

評講 孔子自幼喜歡學習祭祀之禮，稍長，入太廟，每事問〔3.15〕，這裏更揭示：信仰必須誠敬虔恭——當然：在時空條件配合之下，祭祀對象的正確選擇，就更重要了！

3.13

王孫賈問曰：「『與其媚於奥，寧媚於灶』，何謂也？」子曰：「不然。獲罪於天，無所禱也！」

譯文 （衛靈公的寵臣）王孫賈問道：「（人家說：）『與其討好遠處屋角西北尊貴的奥神，不如巴結近廚得食的灶神』，這話是甚麼意思呢？」孔子答道：「不是啊！如果得罪了天公，向誰祈禱都沒有用了！」

評講 俗語說：「買上不如買下」，「不怕官，只怕管」，舊解王孫賈暗示孔子：尊敬衛君以至南子，不如靠攏自己。或解是請教孔子：自己是否現實一點，取媚南子、彌子瑕等，更勝忠於衛君。不管如何，名利權勢之場，古今一理，而答案更可見孔子之所以為孔子。「聽（神的）命勝於獻祭，順從勝於公羊的脂油。」（《撒上》15.22）《聖經》的話，值得比照、深思。

3.14

子曰：「周監於二代，郁郁乎文哉！吾從周。」

譯文 孔子說：「周朝拿（在它之前的夏、商）兩代做鏡子（建立和改良禮樂制度），文化成就真是燦爛豐富呀！我主張跟着周的方向走！」

評講　「監」即「鑑」。孔子是殷人之後，在文化承傳和評價問題上，卻擇善從長，沒有「我族中心」和「地方山頭」偏見。

孔子讚美周文，不過並不以為就此停止變化、發展。參看《為政》篇所記，答子張問十世之禮「因革損益」〔2.23〕。

3.15

子入太廟，每事問。或曰：「孰謂鄹人之子知禮乎？入太廟，每事問！」子聞之曰：「是禮也。」

譯文　孔子到了（奉祀周公的）太廟，每件事情都請問（怎麼樣？為甚麼？）有人便說：「誰說鄹人的兒子知禮？入到太廟，每件事都問！」孔子聽到了，便說：「這正是禮啊。」

評講　那個批評孔子多問的人可能不耐煩，更可能不服氣孔子年紀輕輕，便有「知禮」的聲譽。鄹（郰）邑在曲阜東南，孔子父親叔梁紇曾任大夫於此，當時慣例就稱為「鄹人」。孔子就在此出生，所以被稱為「鄹人之子」。孔子的解釋是：不清楚，就要問，不只要知道「怎樣」，還要明白「為甚麼」——「禮」的真正意義，正在於人的價值自覺。

3.16

子曰：「射不主皮，為力不同科，古之道也。」

譯文 孔子說：「射箭之禮，重在中不中，不在乎能否穿透皮靶，因為各人體力有不同等第，這是古時的規矩啊！」

評講 近代由西方傳來的運動遊戲比賽規矩，也有組別之分，量級之別。當然，在真正戰場，就要目的準、射程遠、力度足了。據說孔子射箭，看的人多得像堵牆，大概是母親年青生他，父親的勇將遺傳又好，而自己又刻苦力學，所以禮樂書數等等之外，又能以射御示範，親教弟子，自己更注重衛生養身（參看《鄉黨》諸章），所以在那個時代，能享古稀之年吧。

3.17

子貢欲去告朔之餼羊。子曰：「賜也！爾愛其羊，我愛其禮。」

譯文（依周禮制，天子每年秋冬之際，頒佈次年曆書於諸侯，宣示威德於天下，諸侯行禮接受收藏，每月初一（朔日）在祖廟以一活羊待宰「餼羊」為祭，是即「告（古讀入聲如「谷」）朔」之禮。幽厲失德，平王東遷，周室衰微，告朔之禮漸廢，此時魯君亦不親臨祖廟，但政府有司則仍虛應故事，準備餼羊，為求省費，於是——）子貢打算去除向祖廟告朔的餼羊。孔子說：「賜啊！你愛惜那頭羊，我珍重那祭禮！」

評講朱熹《集注》：「子貢蓋惜其無實而妄費。然禮雖廢，羊存猶得以識之而可復焉。若併去其羊，則此禮遂亡矣。孔子所以惜之。」因此中外許多前代甚至遠古遺物勝蹟實用意義已經全無，但歷史文化情感、藝術審美等無比價值往往與時俱增，為人所珍惜和竭力保存。

3.18

子曰：「事君盡禮，人以為諂也。」

譯文孔子說：「依足了禮節來事奉君主，人家卻以為諂媚呢！」

評講「不亢」與「不卑」之間，尺度拿捏，是大學問。《鄉黨》篇載孔子守禮之態〔10.1-

10.2〕，也可推想某些時人觀感。

3.19

定公問：「君使臣，臣事君，如之何？」孔子對曰：「君使臣以禮，臣事君以忠。」

譯文　魯定公詢問：「君主指使臣子，臣子事奉君主，原則怎樣？」孔子答道：「君主指揮臣子，以禮法；臣子事奉君主，以忠心。」

評講　時代變更，上司下屬相處的合理之道，也有不變。荀子《臣道》篇引「《傳》曰：從道不從君」，《子道》篇更說：「從義不從父」，唐以前古注皇疏：「君若無禮，則臣亦不忠也」，並非愚忠愚孝。但君權既出人慾，此義後世不彰，反而耶穌使徒一語：「順從神不順從人，是應當的。」（《徒》5.29）西方君權遂多一衡制。

3.20

子曰：「《關雎》樂而不淫，哀而不傷。」

譯文　孔子說：「《關雎》這篇詩，有刻畫生命的喜樂卻不過份；也有描寫人世的哀怨，卻不至於傷痛。」

評講　八個字成了典型的儒家文藝標準：溫和、節制。

3.21

哀公問社於宰我。宰我對曰：「夏后氏以松，殷人以柏，周人以栗，曰，使民戰栗。」子聞之，曰：「成事不說，遂事不諫，既往不咎。」

譯文　哀公問宰我：土地神主牌板，用的是甚麼樹木。宰我回答：「夏代用松，殷商用柏，周人用栗」——又（補充）說：「（栗慄同音，意思是）使人民懼怕戰戰栗栗！」孔子聽到了，就說：「完成了的事不必再說，上了軌道發展的事不必勸止，甚麼都過去了的事不必追咎。」

評講　「社」字，鄭玄注本作「主」，即古人所信神靈寄身之木牌，隨三代地殊而異樹，宰我以戰栗（慄）為解，自是附會，故朱子《集注》謂「孔子以宰我所對外立社之本意，又啟時君殺伐之心；而其言已出，不可復救，故歷言此以深責之，欲使謹其後也。」

3.22

子曰：「管仲之器小哉！」或曰：「管仲儉乎？」曰：「管氏有三歸，官事不攝；焉得儉？」「然則管仲知禮乎？」曰：「邦君樹塞門，管氏亦樹塞門；邦君為兩君之好，有反坫，管氏亦有反坫。管氏而知禮，孰不知禮？」

譯文　孔子說：「管仲的器度真小啊！」有人問：「是說管仲節儉嗎？」孔子說：「管仲有三歸，手下分工太細，沒有兼職（弄得冗員多，浪費大），怎說得儉約？」（那人說：）「這樣說來，管仲懂得禮法嗎？」孔子說：「國君建立門塞，管氏也建立門塞；國君為兩邦元首友好應酬而設，酌畢放回杯爵的『反坫』，管氏也有反坫，管氏這樣而說知禮，那麼誰不知禮？」

評講　「三歸」有數解，或說多娶，或說家有多處（歸於家宅），或說收租貯財之所（歸是「櫃」的假借），總之是豪奢表現。

塞門是門前屏障小牆，就如照壁。

地位、權勢、排場，互動發展，漸漸就過份了。

3.23

子語魯大師樂，曰：「樂其可知也：始作，翕如也；從之，純如也，皦如也，

繹如也，以成。」

譯文　孔子與魯國音樂大師談論樂理，說：「音樂，實在是可了解的。和諧、齊整地開始，跟着，純粹地、清晰地、綿延連續地，直到終結。」

評講　從《論語》可見，孔子喜愛而又了解音樂。王夫之《讀四書大全說》：「《孟子》七篇不言樂，自其不逮處。」——當然，「至聖」與「亞聖」，孟之對孔，自是心悅誠服；不過，孔子說「性相近，習相遠」，而孟子光明磊落地申說人性之所以為人性，定必是「善」，又何嘗不更有勇健清爽之勝呢！

3.24

儀封人請見。曰：「君子之至於斯也，吾未嘗不得見也。」從者見之。出曰：「二三子，何患於喪？天下之無道也久矣，天將以夫子為木鐸。」

譯文　（衞國）儀邑的地方封疆官長請求謁見。說：「凡有賢德的人來到這裏，我從未有得不到接見的。」隨行的學生就讓他謁見孔子。出來說：「你們大家何必憂愁得不到重用呢？天下混亂的日子也夠長久了，老天爺正要老師做警醒和聚集世人聽教的銅鈴呢！」

評講　教育工作者，應有他的尊嚴和自我期許。

3.25

子謂《韶》：「盡美矣，又盡善也。」謂《武》：「盡美矣，未盡善也。」

譯文　孔子（提起古典音樂）說：「《韶》（反映了堯舜禪讓的盛世，在藝術上是）極美，（主題）也極善；《武》（反映了周武王征誅而取天下），盡美了，不過就夠不上盡善了。」

評講　藝術價值，歸宗於道德主題，這也是儒家立場。

3.26

子曰：「居上不寬，為禮不敬，臨喪不哀；吾何以觀之哉？」

譯文　孔子說：「居於上位而不寬厚，舉行禮儀而不恭敬，參加喪事而不哀戚，（這樣的現象）有甚麼可觀呢？」

評講　「可觀」而不仁，已不足道，何況「不可觀」？

里仁 第四

4.1

子曰：「里仁為美。擇不處仁，焉得知？」

譯文　孔子說：「置身在仁德的境地最好。選擇處境沒有了仁德，怎算有智慧呢？」

評講　「里」是動詞，可解為田宅，更可引申為心神居處。孟子以「仁」為「心之安宅」，即本孔子之教。

4.2

子曰：「不仁者，不可以久處約，不可以長處樂。仁者安仁，知者利仁。」

譯文　孔子說：「缺乏仁德修養的人，不可以長久居於窮困（否則便行險作惡），也不可以長久居於安樂（否則必驕奢淫佚）。仁德的人，心安理得於仁；聰明的人，從仁找到有利之處。」

評講 唯有仁愛，可以「長」「久」。

4·3

子曰：「唯仁者，能好人，能惡人。」

譯文 孔子說：「只有真正修養仁德的人，才能夠喜歡（義）人、厭惡（不義的）人。」

評講 仁，使愛憎好惡得其所。

4·4

子曰：「苟志於仁矣，無惡也。」

譯文 孔子說：「如果真正立志實踐仁道，就沒有不好了。」

評講 「惡」，究竟指「劣行」？「罪過」？抑或「壞事」？為甚麼人可以「信誓旦旦」，而仍不免「人誰無過」？基督教《聖經》所謂「立志為善由得我，只是行出來由不得我」（《羅馬書 7.18》），與本節和他處的儒學名言比較：

「仁遠乎哉？我欲仁，斯仁至矣！」（《述而》）

「為仁由己，而由人乎哉？」（《顏淵》）

「內省不咎，夫何憂何懼？」（《顏淵》）

以及如《菜根譚》所謂「夜深人靜，獨坐觀心，始覺妄窮而真獨露」，「真現而妄難逃」之時，所得「大機趣」「大慚忸」，我們又有甚麼悟解？

4·5

子曰：「富與貴，是人之所欲也；不以其道，得之，不處也。貧與賤，是人之所惡也；不以其道，得之，不去也。君子去仁，惡乎成名？君子無終食之間違仁。造次，必於是。顛沛，必於是。」

譯文

孔子說：「發財、做官，人人都想；不以正當途徑，雖然得富貴，也不安享。貧窮、低賤，人人都怕，不以正當途徑，雖然得到貧賤，也不擺脫。君子離開了仁德，又憑甚麼成就君子之名呢？君子沒有吃完一頓飯的短暫時間違背仁德。倉促匆忙時，一定不離開仁德。流離失所時，也一定不離開仁德。」

評講

第二句下半，真難理解。

首次兩句的下半，向來的頓逗方式是：「不以其道得之，不□也。」沒有人喜歡貧賤，又怎會「以其道得之」？如果解作「為道而得貧賤」，那又怎解釋下文的「去也」？

自古以來，疑問的人多了。幾個可能的解答：

第一：可能是傳抄的誤寫，應該說：「不以其道去之，不去也。」

（可是，證據呢？不能像明朝人的風氣：一解不通，就改原文。）

第二：沒有錯字。原句意思是：不正常情況之下所得到的貧賤。

（可是，太違反人情了！天災人禍，無辜者蕩產傾家，這樣還要人「安貧樂道」嗎？不能夠、不應該發奮努力以再得溫飽嗎？）

第三：斷句有問題。應該是：求富貴，去貧賤，都應該不離正道，「君子固窮，小人窮，斯濫矣。」〔15.2〕作歹為非，良心不安，後患無窮，君子不取。

4.6

子曰：「我未見好仁者，惡不仁者。好仁者，無以尚之；惡不仁者，其為仁矣，不使不仁者加乎其身。有能一日用其力於仁矣乎？我未見力不足者。蓋有之矣，我未之見也。」

譯文　孔子說：「我不曾看到愛好仁德的人，和憎惡不仁的人。愛好仁德，是最好不過了。憎惡不仁的，他的行仁，就是不讓不仁的事，沾到自己身上。有誰能夠一整天努力於仁的實踐呢？我沒有見過力量不夠的（只是心思意願不夠罷了！）——也許有罷。不過我未曾見到啊！」

評講　後來《禮記‧大學》所謂「如惡惡臭、如好好色」，基督教《聖經》所謂「不喜歡不義，只喜歡真理」（《林前 13.6》），雖然能力根源有「自我」與「上主」之殊，共通關鍵都在「真摯、深切、持久」，所以孔子一再謂之「未見」，以示難能可貴。

4.7

子曰：「人之過也，各於其黨，觀過，斯知仁矣。」

譯文　孔子說：「人的過錯，各有各的類別，由所犯的過錯，就知道那人了。」

評講　「黨」解作「社群」，引申為「類別」。「仁」用作「人」的通假字。人天賦的才能、氣質，後天的學養、環境，都影響了他處世接物的方針樣式，於是造成不同的成敗得失與是非善惡。類似性格的人，往往有類似的弱點，犯類似的錯誤，在生命的途程上有類似的顛躓。

4.8

子曰：「朝聞道，夕死可矣。」

譯文　孔子說：「早上聽到道理，黃昏就去世，也值得了。」

評講　人的生命意義，就在價值自覺——知道「為甚麼」。知道了並且有機會相信、實行——儘管時間不多，只在「朝」與「夕」之間吧——生命即使就此終結，也值得了。

4.9

子曰：「士志於道，而恥惡衣惡食者，未足與議也。」

譯文　孔子說：「讀書人有志於追求真理，實踐正道，但又仍然以衣食不及人家為恥的，也就還沒有值得和他談論計較了。」

評講　「君子謀道不謀食。」「君子憂道不憂貧。」〔15.32〕「士而懷居，不可以為士矣。」〔14.2〕

‖4.10

子曰：「君子之於天下也，無適也，無莫也，義之與比。」

譯文　孔子說：「君子對天下的事，沒有甚麼一定要幹，也沒有甚麼一定不幹，只看它合宜不合宜，來做標準。」

評講　義者宜也，「比」字的本義是兩人並立，誰向誰靠攏看齊？就以正義為準了。「適」「莫」二字亦歧解。一說：「適」音義同「敵」，憎也；「莫」即「慕」，喜也。一說：「適」，去；「莫」，不去。

‖4.11

子曰：「君子懷德，小人懷土；君子懷刑，小人懷惠。」

譯文 孔子說：「君子關懷着修養仁德，平凡人掛心田土財富；君子着意於儀型法度，平凡人只想着世俗的利益、好處。」

評講 「刑」是「型」的假借字。古今解者每以「刑罰」釋之，欠妥。君子小人，此處以「位」而分。

4.12

子曰：「放於利而行，多怨。」

譯文 孔子說：「只知依循着利益原則來行事，一定多招怨恨。」

評講 放，音義同「倣」，下啟孟子的孔子之言，不是唱高調，不是迂腐的道德主義，是歷史不斷重複出現的現實教訓。

4.13

子曰：「能以禮讓為國乎，何有？不能以禮讓為國，如禮何？」

譯文 孔子說：「能夠以禮讓來治國嗎？有甚麼問題呢？不能以禮讓來治國，禮又還有甚麼意義呢？」

評講　「人而不仁，如禮何？人而不仁，如樂何？」〔3.3〕

‖4.14

子曰：「不患無位，患所以立；不患莫己知，求為可知也。」

譯文　孔子說：「不擔心沒有位置，擔心沒有能站能坐那位置的才學；不擔心沒人認識，要努力的是怎樣有足夠才能讓人認識。」

評講　因為自己「懷才不遇」而悲憤歎息者，可以藉此勉勵、紓解。（參看〔1.16、14.30、15.19〕）

‖4.15

子曰：「參乎！吾道一以貫之。」曾子曰：「唯。」子出。門人問曰：「何謂也？」曾子曰：「夫子之道，忠恕而已矣。」

譯文　孔子說：「參呀！我的道理，從始到終，就是這樣貫通着的」。曾子說：「是的。」孔子出去了，門徒便問：「是甚麼意思呢？」曾參說：「老師的主張，就是由（「盡自己心」的）『忠』到（「推己及人」「了解、和協對方」的）『恕』罷了。」

評講 忠恕是孔門「心性」至理，示眾人以社群的共同規範，即是「一貫」之道（參看〔15.3〕）。老莊「才性」之學，則着眼於個別差異，強調個性與自然限制之不可移轉。三國魏劉劭《人物志》：「夫學，所以成材也；恕，所以推情也，偏材之性，不可移轉也。雖教之以學，材成而隨之以失；雖訓之以恕，推情各從其心。」（《體別第二》）人與人之間的溝通理解，總有氣質性情環境教養等種種制約，所以「忠恕」的效能也大為有限。由此可知儒道兩家之異。

4.16

子曰：「君子喻於義，小人喻於利。」

譯文 孔子說：「君子明白的是道義，小人就一味追求利益。」

評講 此處君子小人如以品德之分為說，當然似乎易於立論，不過也易於流為高調，膚淺而無補於實際。「天下熙熙，皆為利來，天下攘攘，皆為利往。」常人之情，古今中外如是。「放乎利而行，多怨」，是無可置疑的道理；但求利動機之與生俱來，不能消滅，也是無可否認的事實；所以孔子論政，也先講「庶之」「富之」

〔13.9〕，然後才是「教之」。《管子》有「倉廩實則知禮節，衣食足則知榮辱」（《牧民》）的名言，粵諺「發達立品」即是此理。所以，富有教養的，既已居於管治地位的貴族，不當再「與民爭利」而應該「喻義」以為民表率。百姓，升斗小民，倘非「喻利」則無以自給自養。怎樣法制化而有效地令百姓「飽食、暖衣、逸居」而不致「無教」，（《孟子·滕文公上》），就是「君子」之所宜究心致力了。

4.17

子曰：「見賢思齊焉，見不賢而內自省也。」

譯文　孔子說：「見到賢人，就要想向他看齊；見到不賢的，就要內心自己反省：（是不是也有相似的缺點？）」

評講　妒忌憎恨？抑或奮鬥自強？就在自覺心的一念之轉。

4.18

子曰：「事父母，幾諫，見志不從，又敬不違，勞而不怨。」

譯文　孔子說：「侍奉父母，（應當趁着契機微妙）婉轉輕巧地勸諫，看到彼此心意沒法一致，仍然恭敬地，不冒犯——很勞苦了，但仍然不怨恨。」

評講　讀此可發「色難」〔2.8〕之義。《大戴禮記．曾子大孝》：「父母愛之，喜而不忘；父母惡之，懼而無怨；父母有過，諫而不逆。」即是此意。「幾」，音「機」，微也。

4.19

子曰：「父母在，不遠遊；遊必有方。」

譯文　孔子說：「父母在世，就不要遠離家門；真要遠遊，一定要有確實的去處。」

評講　這個孝道，遊牧、航海的人就要變通踐履。現代資訊交通發達，不過稍有人心的還是不要忘記與父母聯繫。

4.20

子曰：「三年無改於父之道，可謂孝矣。」

評講　此章已見《學而》篇〔1.11〕

4.21

子曰：「父母之年，不可不知也；一則以喜，一則以懼。」

譯文　孔子說：「父母的年齡，不能不知道，歡喜的是他享壽漸高，懼怕的是（人所不免的）死亡，也日漸接近。」

評講　在無數不那麼快樂的家庭、不那麼良善的心態之中，兒女們是另有所喜、別有所懼。正因為有黑暗，更不能沒有輝照的光；正因為人性複雜而軟弱，更顯出賢哲的苦心，理想的可貴。

4.22

子曰：「古者，言之不出，恥躬之不逮也。」

譯文　孔子說：「古時候（的賢人君子），言語不輕易出口，就因為恥於做不到（而失了信諾）。」

4.23

子曰：「以約失之者鮮矣。」

譯文　孔子說：「因『節制』而誤失的，少有了！」

評講　這句話，向來許多青少年聽不入耳，無數中、老年恨不早聞。《周易》以雄剛進取的《乾》卦為首，講「天行健，君子以自強不息」。藝術寶典《文心雕龍》承《易》理而講「通變」，讚辭說：「趨時必果，乘機無怯」。淺學小民，也懂「當機立斷」「及時宜努力，歲月不待人」……不過，儒學更常常提醒：約束、保守，以平衡「發揮」「進取」。「人有所不為，然後可以有為」，和道家老子的名言：「無為而無不為」，微妙異同，實在耐人思考。何時「忍辱負重」？何時「義無反顧」？真需要智慧。

4.24

子曰：「君子欲訥於言，而敏於行。」

譯文　孔子說：「君子要言語謹慎得似乎遲緩，行動就要敏捷有效。」

評講　孔子時常針砭「巧言亂德」〔15.27〕，因為「為之難」，「恥其言而過其行」〔14.27〕，所以「仁者其言也訒」〔12.3〕。

4.25

子曰：「德不孤，必有鄰。」

譯文　孔子說：「德行好的人不會真正孤單，一定有人志同道合。」

評講　在現實的、特定環境中，如果似乎沒有這樣的芳鄰，就更要「風簷展書讀，古道照顏色」（文天祥《正氣歌》），保持或者喚起孔子一般的、對人性的信心。

4.26

子游曰：「事君數，斯辱矣；朋友數，斯疏矣。」

譯文　子游說：「事奉君主過於殷勤，就招致羞辱了；對待朋友過於殷勤，就反被疏遠了。」

評講　為首領者，理智上希望部屬「直言極諫」，情感上厭煩拜謁頻密，不免喜愛而又鄙賤諂媚，警覺性如非太低，也必提防他人投己所好、乘虛而入，另有所圖。朋友亦如君臣，本以義合；道倘難同，不合則去。《論語．顏淵》篇：子貢問友，子曰：「忠告（盡心告訴）而善道之（技巧地表達），不可則止，毋自辱焉。」即是此理。所以前人有說：「君子之交淡如水。」「數」解「頻密」，音「朔」。

公冶長 第五

5.1

子謂公冶長：「可妻也。雖在縲絏之中，非其罪也。」以其子妻之。

譯文　孔子說公冶長這個人：「這人值得姑娘許配。雖然在監獄中拘孿着黑繩索，不是他的罪過啊！」便把自己女兒嫁給他。

評講　這位孔門弟子，有關資料極少，是齊人抑魯人也有異說，《論語》中出現僅此一次，傳說能通鳥語，都難考證。古今論者多憑此以論孔子一貫尊君、重禮、保守，而觀察評論人物，自有標準膽識與獨立精神，絕非世俗逢迎權位、取合勢利者可比。

5.2

子謂南容：「邦有道，不廢；邦無道，免於刑戮。」以其兄之子妻之。

譯文　孔子說南宮适（音「括」，字子容）這位弟子：「國家上軌道，總有好職位；政治有問題，也免於犯罪受罰。」於是孔子把哥哥的女孩嫁他。（參看11.6）

評講　女兒嫁公冶長，姪女許配南宮适。喜歡猜測的人難免有種種解釋，其實大都無聊、無謂。還是有位學者說得最好：「可惜的是當時女兒們自己不能作主。」

5·3

子謂子賤：「君子哉若人！魯無君子者，斯焉取斯？」

譯文　孔子評論弟子宓不齊（字子賤）說：「這個人君子啊！如果魯國沒有君子，他從哪裏學得這麼好？」

評講　「里仁為美」（4.1）

此「學風」「社會風氣」之所以重要。

5·4

子貢問曰：「賜也何如？」子曰：「女器也」。曰：「何器也？」曰：「瑚璉也。」

譯文 子貢問（老師）：「我（端木賜）這個人怎樣？」孔子說：「你真是一件東西啊。」子貢再問：「是甚麼東西呢？」孔子說：「是瑚璉啊。」

評講 此處「女」音義同「爾」「汝」，尊長稱後輩之詞。瑚璉，璉或仄聲音「輦」，盛黍稷的禮器，既美觀高貴，又堅固實用。孔子稱儀表才學出眾、特別善於言語和貨殖經營的子貢為「器」，當然是讚許，不過又說過「君子不器」〔2.12〕，兩處着重點和層次不同，並非矛盾。

5.5

或曰：「雍也仁而不佞。」子曰：「焉用佞？禦人以口給，屢憎於人。不知其仁，焉用佞？」

譯文 有人說：「冉雍有仁德，不過口才不夠好。」孔子說：「何必要口才好？尖牙利嘴來抵擋他人，常常被人憎惡，那仁德也表現不出來了，口才好用來幹甚麼呢？」

評講 仁佞二字音義本相近而互借，故古人以「不佞」自謙。孔子「惡夫佞者」〔11.25〕，「佞」就漸近於「阿諛諂媚」「口甜舌滑」「牙尖嘴利」，變為不美了。

5.6

子使漆彫開仕。對曰：「吾斯之未能信。」子說。

譯文　孔子叫弟子漆雕開做官，他答道：「我對這事還未有信心。」孔子很安慰。

評講　大概喜歡這位高足「臨事而懼（戒慎）」吧。

5.7

子曰：「道不行，乘桴浮於海；從我者其由與？」子路聞之喜。子曰：「由也好勇過我，無所取材。」

譯文　孔子說：「學說主張沒有人聽從，找個大木筏，航行到海外好了！跟從我的，大概是仲由吧。」子路聽到這話很高興（很自豪，因為被老師看重）。孔子便說：「仲由比我還勇敢（好是好，不過我們的弱點不也是一樣嗎？還有甚麼可以補我不足呢？要編造木筏），材料還是不夠呀！」

評講　「天下有道則見，無道則隱」（8.13），儒學意志一懈便近道家（東坡詞：「小舟從此逝，江海寄餘生」），而遠於「摩頂放踵、利天下為之」的墨者。「乘桴筏以浮遠洋」，異於「釘十架以升天國」，兩種精神是迥然有異的。

5.8

孟武伯問：「子路仁乎？」子曰：「不知也。」又問。子曰：「由也，千乘之國，可使治其賦也；不知其仁也。」「求也何如？」子曰：「求也，千室之邑，百乘之家，可使為之宰也；不知其仁也。」「赤也何如？」子曰：「赤也，束帶立於朝，可使與賓客言也；不知其仁也。」

譯文　孟武伯問：「子路夠仁德嗎？」孔子說：「不知道啊。」再問，孔子說：「仲由啊，一個千乘兵車的大國，可以讓他料理軍務，他的仁德就不知道了。」「冉求怎樣呢？」孔子說：「冉求啊，一個千家的都邑，百乘兵車的家族，可以讓他當總管，仁德就不知道了。」「公西赤又怎樣呢？」「公西赤啊，束好衣帶，立於朝堂，可以讓他與貴賓應酬講話，有沒有仁德就不知道了！」

評講　「仁」是最高的、完全的美德，人難免才性各有所偏，因此都需要持續努力。（比較〔6.8〕）

5.9

子謂子貢曰：「女與回也孰愈？」對曰：「賜也何敢望回？回也聞一以知十，賜

也聞一以知二。」子曰：「弗如也，吾與女弗如也。」

譯文　孔子對子貢說：「你和顏回，哪個更強？」答道：「我（端木賜）嘛，怎敢和顏回相比？聽到一件，他可以聯想、類推到十件，我就只可以推求到兩件罷了！」孔子說：「不如他，我欣賞你所說：你不如他。」

評講　「女」即「汝」。原句中後一個「與」字是「贊同」之意，也有人仍然解作連詞，說孔子認為自己也是趕不上。此似異於孔子初問的語意。《淮南子．人間訓》說：孔子答人問，承認自己三個「弗如」：仁不如顏淵，辯不如子貢，勇不如子路，但自己能仁且忍、辯且訥、勇且怯，所以能服三人云云。可以參考。

‖5.10

宰予晝寢。子曰：「朽木，不可雕也；糞土之牆，不可杇也；於予與何誅？」子曰：「始吾於人也，聽其言而信其行；今吾於人也，聽其言而觀其行。於予與改是。」

譯文　宰予白天睡覺，孔子說：「腐朽的木不能雕刻，爛泥的牆不能粉飾，對於宰予，又責備甚麼呢？」（在另一個時候）孔子又說：「起初，我對人，聽他的話便信他的行為；現在我對人，聽了他的話，還要看看他的行為。就從宰予的事，我改變了方針。」

評講

「晝」字一說本是「畫」，即繪飾寢室，所以孔子用「雕」「杇」為說。宰予善言語，自有主張；論「三年之喪」和「季氏伐顓臾」等事，和孔子意見頗有不同。《論語》也多記孔子貶責之詞。《史記．仲尼弟子傳》說他在齊與田常作亂，結果夷族，孔子恥之。此說後人又或謂同字之誤，本非宰予云云。實況容待研究。

5.11

子曰：「吾未見剛者。」或對曰：「申棖。」子曰：「棖也慾，焉得剛？」

譯文

孔子說：「我未見過剛強的人。」有人答道：「申棖（便是）。」孔子說：「申棖慾望太盛，怎能夠剛強？」

評講

「自勝者強」（《老子》），慾望越多越容易「情不自禁」，心為形役，墜下羅網。「有容乃大，無慾則剛。」這對聯既善且巧，可是，誰能做到呢？

5.12

子貢曰：「我不欲人之加諸我也，吾亦欲無加諸人。」子曰：「賜也，非爾所及也。」

譯文 子貢說：「我不想別人加之於我身上的，我也不要加之於別人身上。」孔子說：「賜啊，不是你做得到啊！」

評講 孔子對子貢一則提醒他能力所限，二則勉勵他尚待努力。（參看〔12.1、15.24〕）

5.13

子貢曰：「夫子之文章，可得而聞也；夫子之言性與天道，不可得而聞也。」

譯文 子貢說：「老師文獻、藝術方面的學問，我們有機會聽到；老師探測人心和天道哲理方面的體會，我們就沒機會聽到了！」

評講 孔子言論，多涉詩書政教，對形而上意義的心性天命之類，就少有談及。後來宋明理學就多在這方面補充發揮，以與佛道兩家競爭，現代新儒家面對西方，也有努力如此者。

5.14

子路有聞，未之能行，唯恐有聞。

譯文　子路（性情勇急），有所知聞而還未能夠實踐，就只怕又有所聞了。

5.15

子貢問曰：「孔文子何以謂之『文』也？」子曰：「敏而好學，不恥下問，是以謂之『文』也。」

譯文　子貢問道：「（衛國大夫）孔文子（謚號）為甚麼叫『文』呢？」孔子說：「（他）聰明而喜歡學問，又能夠放下身段請教他人，不覺得這樣是沒面子，所以稱之為『文』了。」

評講　「敏而好學，不恥下問」——所有誦法孔子的人，八個字起碼要做到後六個。

5.16

子謂：「子產有君子之道四焉：其行己也恭，其事上也敬，其養民也惠，其使民也義。」

譯文　孔子說：「子產有四項君子的品質：自己的行為謹慎莊重，對待君上恭敬負責，教養民眾有恩惠而有智慧，役使民眾合於正理。」

評講　公孫僑（通「喬」，高也，木高則生產，故字子產），與孔子青少年時同期的傑出政治家，治鄭廿二年，內則法政修明，外則不亢不卑而安處晉楚爭雄之間，著譽千古。

5.17

子曰：「晏平仲，善與人交，久而敬之。」

譯文　孔子說：「晏嬰善於和人交處，時間久了，就越能敬重。」

評講　最難是一個「久」字。

5.18

子曰：「臧文仲居蔡，山節藻梲，何如其知也？」

譯文　孔子說：「（魯大夫）臧文仲珍藏着個大烏龜（用來占卜），這個東西的特別居處是小

評講　廟宇，柱頭斗拱刻着山，樑上短柱畫着藻，這個人怎麼把聰明才智這樣表現呢？」

即使不是僭越失禮，也是朱熹《集注》所謂「不務民義而諂黷鬼神，安得為知（智）」！

5.19

子張問曰：「令尹子文三仕為令尹，無喜色；三已之，無愠色。舊令尹之政，必以告新令尹。何如？」子曰：「忠矣。」曰：「仁矣乎？」曰：「未知；——焉得仁？」

「崔子弒齊君，陳文子有馬十乘，棄而違之。至於他邦，則曰，『猶吾大夫崔子也。』違之。之一邦，則又曰：『猶吾大夫崔子也。』違之。何如？」子曰：「清矣。」曰：「仁矣乎？」曰：「未知；——焉得仁？」

譯文　子張問說：「楚國賢相令尹子文幾次做令尹，沒有洋洋自得的喜色；幾次罷官，也沒有悻悻然的怒色。每次卸任，必然清清楚楚把舊令尹的政務向接任的新令尹交代。這人怎樣？」

孔子說：「真算忠誠了。」

問：「算仁了嗎？」

孔子說：「不夠智慧，又怎算得上『仁』呢？」

（子張又問）：「崔杼弒了齊莊公，陳文子有十乘四匹的馬車，都放棄了逃到他國，一發覺『執政者和我們大夫崔子一樣』，又離開到另一個國家，就又說：『執政者和我們大夫崔子一樣！』又離開。——這個人怎樣？」

孔子說：「夠清白了！」

問：「算仁了嗎？」

孔子說：「不夠智慧，又怎算得上仁呢？」

評講 誠實、清白的技術官僚，與智慧整全、高瞻遠矚的大政治家距離尚遠，能統籌全局、福國利民、太平共享，才算是至德的仁者。原文「未知」之「知」，宜讀如「智」，坊本或解作「知悉」，似未妥。

5.20

季文子三思而後行。子聞之，曰：「再，斯可矣。」

譯文 （魯國大夫）季孫行父（在宣、成、襄三代擔任執政）生前行事凡事再三考慮，才去施行。孔子聽到他的謹慎事蹟，說：「再次，就夠了。」

評講 一想甚至不思即行，自是衝動魯莽；三思而行，又不免過於審慎計算、錯失時機。有人解為三思仍然不夠，要再加思量云云，真是「匪夷所思」了！

5.21

子曰：「甯武子，邦有道則知，邦無道則愚；其知可及也，其愚不可及也。」

譯文 孔子說：「（衛國大夫）甯武子，國家上軌道，便表現聰明，國家昏亂，便裝傻扮懵。他的聰明，（人家）是可以趕上的；他裝呆，人就追不上了。」

評講 中國傳統文化，更不乏道家的隱士，也有許多智士、狂士，至於儒家的志士，在邦無道時仍然不退不隱，不改初衷，努力回天，結果變成烈士的，就並不太多了。

5.22

子在陳，曰：「歸與！歸與！吾黨之小子狂簡，斐然成章，不知所以裁之！」

譯文 孔子陳國說：「回去吧！回去吧！我鄉里那班青年人啊，志大氣粗，幹得似模似樣，不知道怎樣規範他們了！」

評講　「與」即「歟」。據《史記》，魯哀公三年（公元前492）孔子居陳，早覺現實之無可作為，聞新近上位的季康子執政，召回冉求任用，孔子於是也想回去看看自己一班舊學生怎樣了。

5.23

子曰：「伯夷、叔齊不念舊惡，怨是用希。」

譯文　孔子說：「伯夷、叔齊，善於忘記不愉快的人際關係，種種怨恨也就稀少了。」

評講　心中塞滿宿怨舊恨，腦裏、口頭、筆下都是「爭取」的現代人，下面的記述，恐怕疑團叢生，或者看不下去了。

本節之外，《論語》一再簡單而敬慕地提到這兩位「逸民」兄弟〔7.15、16.12〕。《孟子》繼之（《公孫丑上》《萬章下》《盡心下》），稱為「聖之清者也」。《莊子．盜跖》說他們「辭孤竹之君，而餓死于首陽之山」。《史記．自序》：「末世爭利，維彼奔義。讓國餓死，天下稱之。」所以《伯夷列傳》居首。（正如《世家》部份，列讓國的太伯第一）後人連兩兄弟名字都清楚列出，說兄大而庶，父欲立小而嫡之弟。父死，兄弟相讓，結果都逃避到以「善養老」聞名的西方諸侯之長的姬昌那裏。那時武王已起兵伐紂，夷齊兄弟叩馬而欲諫阻不果，到天下既定，兄弟恥而不食周粟，隱首陽山，作采薇為食之歌，抗拒「以暴易暴」之政，最後餓死云云。司馬遷藉此質疑：所謂「天道、命運」究竟公不公平？他們怨抑或不怨？清代梁玉繩《史記志疑》，就列舉十證，說《伯夷傳》所載俱非！

一士諤諤，竭力表揚他們邁越眾流，「信道篤而自知明」的是唐代文豪韓愈的《伯夷頌》——不過，一切褒貶評論，夷齊兄弟恐怕都不在意了：他們篤信之道，是反對「以暴易暴」，因為「正義目標」並非就能「將一切手段正義化」；他們自知之明，是「政治上爭權奪位」並非他們的那杯茶，此所以「不念舊惡」，此所以「怨是用希」！

5.24

子曰：「孰謂微生高直？或乞醯焉，乞諸其鄰而與之。」

譯文　孔子說：「誰說微生高這個人直晃晃不懂轉彎？有次，人家藉醋，他向鄰居轉藉給他。」

評講　微生高是不是只知堅守信諾，水至不走，結果抱柱而淹死的那位先生、憨直漢子？有沒有必要上升到「虛偽求悅」的高度來苛責一位可能只是珍重人際關係的常人？他自家的「存醋」情況究竟怎樣？向來不少評論者似乎自己也不大清楚。

5.25

子曰：「巧言令色，足恭，左丘明恥之，丘亦恥之。匿怨而友其人，左丘明恥之，丘亦恥之。」

譯文　孔子說：「言語花巧，神態好看，裝成十分恭順的樣子，左丘明覺得可恥，我孔丘也覺得可恥。藏匿着怨恨，而結交那個人，左丘明覺得可恥，我孔丘也覺得可恥。」

評講　據此，左丘明是孔子時人，如《史記》《漢書．藝文志．六藝略》所說。但後世所見《左傳》是否所著？何以長篇流暢，大異《論語》，而所記事蹟制度，及於戰國初期，又不依複姓名《左丘傳》？凡此諸端，學者疑之。

5.26

顏淵、季路侍。子曰：「盍各言爾志。」子路曰：「願車馬，衣輕裘，與朋友共，敝之而無憾。」顏淵曰：「願無伐善，無施勞。」子路曰：「願聞子之志。」子曰：「老者安之，朋友信之，少者懷之。」

譯文　顏淵、子路陪在身邊，孔子說：「何不各人談談自己的志向？」子路說：「願意把車馬、皮裘，和朋友共享，破了，也沒有甚麼可惜。」顏淵說：「願意（修養進步，）可以不誇耀自己長處，不表白自己功勞。」子路說：「老師，您的志向呢？」孔子說：「我願意長輩的人得到安心，同輩的人得到信心，年青一輩的人感覺愛心。」

評講　此所以孔門師生氣象，千古嚮慕。

5.27

子曰：「已矣乎！吾未見：能見其過，而內自訟者也。」

譯文　孔子說：「罷了！能夠自見其過，並且能在內心責備自己的人，我還沒有看到呢！」

評講　孔子卒後，許多門人，遵循師訓繼續努力，其中曾參，最善自省〔1.4、8.3〕也最能光大孔子之學。

子曰：「十室之邑，必有忠信如丘者焉；不如丘之好學也。」

譯文 孔子說：「只有十戶人家的小社區，也必定有像我一般講求忠心信實的人，只是不像我這麼喜歡學問罷了。」

評講 解經者也有將末句讀為：「焉不如丘之好學也。」——難道他們不像我這般好學嗎？——更見孔子的謙遜。

雍也 第六

‖6.1

子曰：「雍也，可使南面。」

譯文　孔子說：「冉雍啊，可以做政治領袖。」

評講　中國地理位置，北面寒而南地暖，所以自古尊者坐北朝南，非獨君主。（面北則表臣服。）

冉雍（仲弓）生平已多不可知，其後荀子則極尊之而與孔子並列，見《非十二子》《儒效》等篇。就《論語》所記，已見其品學胸襟，備受師友愛重。（如本節及〔6.6〕）

‖6.2

仲弓問子桑伯子。子曰：「可也，簡。」

仲弓曰：「居敬而行簡，以臨其民，不亦可乎？居簡而行簡，無乃大簡乎？」子曰：「雍之言然。」

譯文　仲弓問到子桑伯子這個人。孔子說：「他可以。政事，清簡（不勞擾人民）。」仲弓說：「自處存心莊重認真，施行政事清簡扼要，這樣管理人民，不就可以嗎！如果自處疏懶隨便，行事也散漫馬虎，那就是不是過於簡陋呢？」孔子說：「雍的話很對。」

‖6.3

哀公問：「弟子孰為好學？」孔子對曰：「有顏回者，好學，不遷怒，不貳過，不幸短命死矣！今也則亡，未聞好學者也。」

譯文　魯哀公問孔子：「（您的）學生之中，誰人可稱好學呢？」答道：「有位叫顏回的好學，不亂拿別人出氣，不重複自己過失，不幸短命死了！如今沒有了，沒有聽到誰好學的了！」

評講　《先進》篇所記季康子問〔11.7〕與此類同。

顏回（淵）好學深思，安貧樂道，品德修養與智慧境界極高，志行亦與孔子最為相契〔2.9、5.9、6.7、6.11、9.11、9.21、12.1、15.11〕，可惜體弱而家貧，保養不佳，早死（一般說是三十一歲，《史記》謂少孔子三十歲，則是四十一歲），時哀公十四年（公元前481），孔子年七十一而失一生有褒無貶最愛之徒，所以至為哀痛〔9.20、11.7、11.9、11.10、11.11〕。

6.4

子華使於齊，冉子為其母請粟。子曰：「與之釜。」請益。曰：「與之庾。」冉子與之粟五秉。子曰：「赤之適齊也，乘肥馬，衣輕裘。吾聞之也：君子周急不繼富。」

譯文　公西赤（子華）出使齊國，冉有替他留在家裏的母親要求糧食。孔子說：「給一釜吧。」請增加一些。說：「給一庾吧。」

冉有給了五秉。

孔子說：「赤到齊國，坐着肥馬拉的車，穿着輕暖的皮裘。我聽說過了：君子周濟急需，不替富人再增財產。」

評講 釜、庾、秉容量，實在是多少升斗，古來解說未見清晰合理，總之，雪中送炭而非錦上添花，是孔子引述的原則。（「吾聞之也」四字，宜下屬。）

‖6.5

原思為之宰，與之粟九百，辭。子曰：「毋！以與爾鄰里鄉黨乎！」

譯文 平素著名安貧樂道的原憲做孔子做魯司寇時的家邑總官，俸祿九百（斛）小米，他不肯受。孔子說：「不要推辭！可以分給你的鄰里、鄉親吧！」

‖6.6

子謂仲弓，曰：「犂牛之子騂且角，雖欲勿用，山川其舍諸？」

譯文 孔子提起冉雍（仲弓）說：（一解：（孔子對仲弓說：））

「雜毛的牛生出毛色赤紅、兩角周正的完美小牛，（是祭祀神靈的犧牲上品）——人雖然或者捨不得，山川的神肯放棄嗎？」

評講

古人沒有準確的標點符號，本節開首五字就有歧義。如果是又一次盛譽仲弓，（如「雍也可使南面！」——《雍也》，「焉用佞」——《公治長》之例）但此次竟以「犂牛」為言，是否孔子所宜說，所曾說的話？朱子《集注》說「仲弓父賤而行惡」，「父之惡不能廢其子之善」，又有何據？同章後節〔6.10〕：

伯牛有疾，子問之，自牖執其手，曰：「亡之，命矣夫！斯人也，而有斯疾也！斯人也，而有斯疾也！」

無比深情，無限惋惜，又是何因？伯牛（冉耕）又是否仲弓之父？如果是孔子教勉仲弓「用人惟賢，不計血統、家世」，則又何必故意使用「犂牛」之喻？

6.7

子曰：「回也，其心三月不違仁，其餘則日月至焉而已矣。」

譯文　孔子說：「顏回啊，他的心念可以整整三個月不離開人之所以為人的『仁道』。別的弟子嘛，就只是短暫時間到達這境界便又離開了！」

評講　天時每季一變，「三月」比喻相對長久，「心不違仁」已成自然習慣，不必執着以為九十日一變！

6.8

季康子問：「仲由可使從政也與？」子曰：「由也果，於從政乎，何有？」曰：「賜也，可使從政也與？」曰：「賜也達，於從政乎，何有？」曰：「求也，可使從政也與？」曰：「求也藝，於從政乎，何有？」

譯文　季康子問：「仲由這人，可以讓他從政嗎？」孔子說：「仲由啊，性情果敢，從政有甚麼不可以？」又問：「（端木）賜可以嗎？」答道：「賜啊，這人很通達，從政有甚麼難處呢？」再問：「（冉）求呢？」答道：「求啊，他多才多藝，從政有甚麼問題呢？」

評講　孔子了解學生，所以因材施教，所以各道其長而分別薦任。（比較〔5.8〕）

6.9

季氏使閔子騫為費宰。閔子騫曰：「善為我辭焉！如有復我者，則吾必在汶上矣。」

譯文　（魯國掌權執政的）季孫氏要閔子騫做費地的長官。閔子騫說：「拜託好好替我推辭吧。如果再找我，我一定逃到汶上了！」

評講　費為季氏邑，在曲阜東南距海之半，汶河之上則在曲阜西北，已入齊境。閔子在孔門「德行」一科，深知仕於權貴，剛直則招禍，柔和必受辱，洞燭機先，於是婉辭其職。唐賢張籍以卻聘節婦「君知妾有夫」之吟，婉拒軍閥之聘，可謂善學聖徒。

6.10

伯牛有疾，子問之。自牖執其手。曰：「亡之，命矣夫！斯人也，而有斯疾也！斯人也，而有斯疾也！」

譯文　伯牛（冉耕）有病，孔子去探望他（大概情況很嚴重了，孔子）從窗口執着病人的手說：「唉，真沒道理呀！真是命運啊！這樣的人啊，竟然有這樣的病！這樣的人，竟然有這樣的病！」

評講　重複末句，可見病者情況之惡劣，更可見問候者心情之沉重。人生有許多無奈，有價值的是在世時的道德自覺與人間的情義。或解「亡」為「死」；如此則面告其將死，甚違人情而悖於理。或又解為「不見」，仍屬牽強。《論語》「亡」字多作「無」解，故此處應讀「無」，即「無此理」「沒辦法」之意，與下文合。舊解窗牖向南取暖，人君探病，病者便從北移向南。伯牛敬師，所以用尊君之禮待之，所以孔子「自牖執其手」云云。此說穿鑿。伯牛是孔門「德行」的代表人物〔11.3〕，孔子亦必不僭禮，執手既可知體溫脈搏，更有握別之意。

6.11

子曰：「賢哉回也！一簞食，一瓢飲，在陋巷；人不堪其憂，回也不改其樂；賢哉回也！」

譯文　孔子說：「顏回真有修養啊！一竹筐米飯，一瓜瓢飲水，住在簡陋的街巷，人都受不了這樣的窮苦。顏回啊（因尋找學問真理而得的）樂趣不改，顏回啊，真有修養！」

評講　簞，圓形竹器，盛飯。瓢，音「嫖」，葫蘆或木製舀水之具。

孔子少年經歷貧賤，一生崇尚道德，認為不義之富貴如浮雲，所以特別欣賞顏回之安貧樂道。（參看〔7.12、7.16〕）不過，這個價值觀念無限擴大，即使不流向「越窮越革命」然後又反過來「一切向錢看」，過猶不及的偏差，至少也不免令人過份壓抑自然的求利動機，缺乏對不合理、不公道的普遍貧窮或者貧富懸殊，作出理性的、應有的抗爭、改善。我們可以評鑑一下韋伯（Max Weber）有關「基督新教倫理與資本主義自由經濟」的看法。

‖6.12

冉求曰：「非不說子之道，力不足也。」子曰：「力不足者，中道而廢；今女畫。」

譯文　冉求說：「不是不喜老師的道理，只是實行的力量不夠。」孔子說：「（真正）力量不夠的人，是走到半路才停歇，現在你（根本沒有努力過，就）自己先畫界限了！」

評講　說，即「悅」；女，即「汝」。

‖6.13

子謂子夏，曰：「女為君子儒，無為小人儒。」

譯文　老師對子夏說：「你要做君子之儒（一個眼界高、器量宏、識大體的讀書人），不要做（目光淺窄、胸襟狹隘、見識庸陋的）小人之儒。」

‖6.14

子游為武城宰。子曰：「女得人焉耳乎？」曰：「有澹台滅明者，行不由徑，非公事，未嘗至於偃之室也。」

譯文　子游做武城的地方首長。孔子說：「你那裏得到人才了嗎？」答道：「有位名叫澹台滅明的人，走路不抄小徑，非因公事，未嘗到我私人房間來。」

評講　以「走後門」為《關係學》必備章節的天下後世，如同這位孔門君子的人，就像他的姓氏一般稀有了！

‖6.15

子曰：「孟之反不伐。奔而殿，將入門，策其馬，曰：『非敢後也，馬不進也。』」

譯文　孔子說：「孟之反（這人）不誇耀自己。軍隊打敗仗，他勇敢地殿後，將要返入城門，他一面鞭策馬匹，一面說：『不是想殿後啊，是馬兒走不動啊！』」

評講　勝則爭功，敗則諉過，人性弱點從石器時代到電子時代恐怕都無大分別。這是哀公十一年（公元前484）的事，《左傳》記冉有佐季孫氏在抗齊此役勇率左師攻入敵陣，但右師敗退，孟之側（字反）掩護撤退。這裏孔子提到他善於謙抑自己保存他人面子，也是減少妒忌方法之一吧。孔子先父也是勇將，也曾掩護同袍，不知有無類似謙話。不過，人情之常，能有如此修養者恐怕不多。無論甚麼職場，是非賞罰，還是盡量公平而接近真相最好。

6.16

子曰：「不有祝鮀之佞，而有宋朝之美，難乎免於今之世矣。」

譯文　孔子說：「沒有祝鮀的口才，而有宋朝的美貌，在今天的世界，恐怕難免有禍了！」

評講　《左傳》魯定公四年，劉文公要對付楚國而會合諸侯。那時，歃血為盟先後的禮數，往往引致尊嚴之爭以致不歡而散，衛靈公帶同太祝子魚（就是祝鮀）參加，聞說次序要排在蔡的後面。因為始祖排行，衛後蔡先，祝鮀於是私下洋洋數百言，歷舉史事，說服了安排者萇弘，把面子給予衛國。靈公所最寵夫人南子，私於俊男公子宋朝，後來卒致變亂，見定公十四年。孔子其時當有見聞，故有感慨。

6.17

子曰：「誰能出不由戶？何莫由斯道也？」

譯文　孔子說：「誰能夠不經過門戶而出外呢？誰走過人生不是靠這一個道理呢？」

評講　次句或解：「何以無人遵行我這個道理？」《論語》他處，有類此之歎；但此處語氣，應是由反問而肯定。

6.18

子曰：「質勝文則野，文勝質則史；文質彬彬，然後君子。」

譯文　孔子說：「實質超過文彩，就不免粗陋；文彩超過實質，就流於鋪排。最好內質與外表兩者適當配合均衡，就是真有修養的君子了！」

評講　「文質彬彬」和「斯文」一樣，後世整個變成形容詞了。

6.19

子曰：「人之生也直，罔之生也幸而免。」

譯文　孔子說：「正直是人類與生俱來的天性與特性。狡詐欺騙的人，苟且生活下去，只是僥倖！」

評講　人的軀體，不免同腐於草木；人的心靈，不甘無別於禽獸。就此良知理性的一念，孟子道出人的特「性」是「知惡知善」，《中庸》的名句是「君子居易以俟命，小人行險以僥倖。」

6.20

子曰：「知之者，不如好之者；好之者，不如樂之者。」

譯文　孔子說：「知道它的，不如認識它好處的；認識它好處的，不如以它為樂的。」

評講　孔子時代，「以之為好」和「喜好」兩個「好」字是否上、去分讀，是一個聲韻學的問題；「喜好」和「以之為樂」的分別，如何說得清楚，恐怕是更難的問題了！其實，舉一個例：「知道有讀書這回事」，與「認識讀書的好處」，與「沉浸於讀書之樂」，三者層次，不是明顯分別嗎？所以，「好之」是「以之為好」，不同後世的所謂「愛好」，是「以之為樂」。

6.21

子曰：「中人以上，可以語上也；中人以下，不可以語上也。」

譯文　孔子說：「中等水平以上的人，可以和他談論高水準的學問；中等以下的，就不成了。」

評講　所以要「因材施教」。

6.22

樊遲問知。子曰：「務民之義，敬鬼神而遠之；可謂知矣。」問仁。曰：「仁者先難而後獲，可謂仁矣。」

譯文　樊遲問甚麼是智慧，孔子說：「做合宜於民眾的事，尊敬但遠離鬼神可說是有智慧了。」又問仁德，孔子說：「仁德的人，先經歷艱難，然後享受收穫；（體驗過，所以能真正同情民眾疾苦），可說是仁德了。」

評講　對鬼神「敬」而又「遠之」，不親不愛，與極虔至誠之信仰者有別。歷來國人，亦多本人文、功利實用精神以待宗教。比較《舊約聖經．哈巴谷書》(3.17-19)，《彌迦書》(6.8) 所云，大異其趣。

6.23

子曰：「知者樂水，仁者樂山；知者動，仁者靜；知者樂，仁者壽。」

譯文　孔子說：「聰明的人喜歡水，仁厚的人喜歡山。聰明人活躍，仁厚者安靜。聰明人愉快，仁厚者長壽。」

評講　仁與知（智）的不同傾向，是天生氣質，也有後來學養。

6.24

子曰：「齊一變，至於魯；魯一變，至於道。」

譯文　孔子說：「從齊國一變，就到魯國的境界了。再從魯國一變，就到理想的境界了。」

評講　周興於西而代殷商以統率天下，封功最高之姜尚、姬旦於最東，以均衡全局；而且同姓異姓封國相間，以便通婚而相牽制，齊在半島瀕海，而魯近大陸，政治深意，亦自顯然。周禮多存於魯，淳謹而文，齊擅魚鹽之利，風俗擅商貿、好言談、隆技擊，其後遂以尊王攘夷之號興起霸政。晉繼起而更盛，齊篡於田陳而終戰國之世乃最後方滅於秦。從此後歷史演變之跡，可以明白春秋前期孔子懷抱復興周文的理想與失落。

6.25

子曰：「觚不觚，觚哉！觚哉！」

譯文　孔子說：「酒觚不像酒觚，觚啊！觚啊！」

評講　觚，容量二升之酒器，上圓而下方，有四棱角，以便安頓豎立於桌，可能孔子所見而興歎者，已非原本規制；又或人每貪杯沉湎，不復措意「觚音為孤，諧聲以警寡酒節制」之原本用意云云。

6.26

宰我問曰：「仁者，雖告之曰，『井有仁焉。』其從之也？」子曰：「何為其然也？君子可逝也，不可陷也；可欺也，不可罔也。」

譯文 宰我問孔子：「仁德的人，即使告訴他說，『井裏掉下個人啊！』——他會下去救人嗎？」

孔子說：「為甚麼會這樣呢？君子可以清楚地為正大目的而一去不回，不可以糊塗地自陷險境，救不了他人更救不了自己；君子也會被刻意設計地欺騙，不可以被違反常識的事情愚弄。」

評講 第二個「仁」通用「人」字。或解「已墮井而待救的亦為另一仁者」，前人已謂義太迂僻，不可從。

‖6.27

子曰：「君子博學於文，約之以禮；亦可以弗畔矣夫。」

譯文 孔子說：「君子廣博地學習詩書文藝，而歸納於禮法，以作行事為人的重要原則，也就可以不背正理了。」

評講 「約」就是把鬆散的東西結集在一起。學術多門，而「由博返約」，「秉要執本」是極重要的學問工夫。用「博文約禮」為訓的後人，於此宜多究心。《顏淵》篇重見此語〔12.25〕。

6.28

子見南子。子路不說。夫子矢之，曰：「予所否者，天厭之！天厭之！」

譯文　孔子（應邀）見了（有淫亂與擅權壞名聲的衛靈公寵妃）南子，子路很不高興。孔子發誓說：「（假如）我做過違背自己原則的事，上天厭棄我，上天厭棄我！」

評講　近代文人林語堂曾以「子見南子」為話劇，「幽默」一番，曲阜人「不說」（「說」即「悅」）。孔子英靈有知，恐怕要惋惜後人：確要認真的事，反而疏忽了。

6.29

子曰：「中庸之為德也，其至矣乎！民鮮久矣。」

譯文　孔子說：「中庸作為美德，大概是最高的了，很少人能夠長久遵行了！」

評講　末句或解：人間缺少這種美德很久了。中者「正常」，庸者「實用」，儒者的中庸，是「擇善固執」，「健行不息」，與不痛不癢，隨波逐流的道家中庸大異其趣，後人即以「中庸」為題，作長篇論文，以「天命之性」為真實本體（「誠」），為一切文化成就（「明」）的原動力，理論精深，遂被尊為「四書」之一，與《論語》《孟子》《大學》並列。

6.30

子貢曰：「如有博施於民，而能濟眾，何如？可謂仁乎？」子曰：「何事於仁？必也聖乎！堯、舜其猶病諸！夫仁者，己欲立，而立人；己欲達，而達人。能近取譬，可謂仁之方也已。」

譯文 子貢說：「如果有人能夠普遍地給人民好處，讓大家生活都有改善，怎樣？可以說是仁者嗎？」孔子說：「豈止是仁者？確定是聖人了！堯舜也或者憂心做不到呢！所謂仁者，自己要站得穩，也使他人站得穩；自己通達順利，也讓他人通達順利，能夠就近作比，推己及人，可說是行仁的方法了。」

評講 「諸」，「之歟」兩字合音。「己欲立而立人」二句，也就是忠恕之道。

述而 第七

7.1

子曰：「述而不作，信而好古；竊比於我老彭。」

譯文 孔子說：「傳述而不妄作，喜歡確實的歷史文化，偷偷把自己和老彭相比（這便是我了）。」

評講 「述而不作」，向解多說是孔子自謙循舊而不創始，與下句相應，但下兩句語意其實不亢不卑，首句亦可以是純然自述，所以，有解為後章〔7.28〕的所謂「不知而作」（如現代某些傳媒的誇大作偽劣習）者，似更順適。跟着的「信」字，也有「確實可靠」「信而有徵」之意，所以他也說：「我非生而知之者，好古敏以求之者也」〔7.20〕。

老彭：不知為誰。或說是老子、彭祖；或說是見於《大戴禮記》的殷大夫商老彭，孔子殷人後裔，故稱為「我」。又或說是孔子之友。

7.2

子曰：「默而識之，學而不厭，誨人不倦：何有於我哉？」

譯文 孔子說：「默默地記着學到的東西，不斷學習，永不飽足；不斷教人，永不厭倦——這種種事情，我做到哪一項呢？」

評講 識，音義同「誌」，記之意。

「為之不厭，誨人不倦」（7.34），此所以為先師孔子。

7.3

子曰：「德之不修，學之不講，聞義不能徙，不善不能改，是吾憂也。」

譯文 孔子說：「道德不去培養，學問不去講求，聽聞了正義所在，卻不能轉過來；知道了不義在甚麼地方，卻不能離開去，這就是我的憂慮了。」

評講 此所以「君子憂道不憂貧」（15.32）。

7·4

子之燕居，申申如也，夭夭如也。

譯文 孔子日常閑居時候，精神健旺，雍雍容容，舒舒暢暢，充滿生趣。

評講 「申」是「神」「電」等的本字，像電耀於田；《詩·周南》有「桃之夭夭」句，申申、夭夭，可見孔子健康、愉快。

7·5

子曰：「甚矣！吾衰也！久矣吾不復夢見周公。」

譯文 孔子說：「我衰老得很厲害了！我已經許久沒有夢見周公了。」

評講 周公姬旦，武王之弟，成王之叔，魯國的始祖。周代開國規模、封建宗法制度，他有設計大功。最難得的，是他恪守了自己手訂、大家共遵的君主轉移規則——父死子繼，而不是兄終弟及——抗拒了英雄領袖最難避免的權力誘惑，有異於後世宋太宗、明成祖。孔子生於禮崩樂壞之世，常懷復興周初文化精神之想，所以每每夢見周公。

7.6

子曰：「志於道，據於德，依於仁，游於藝。」

譯文　孔子說：「以追求最高真理為目的，以人類本質為根據，以良善本性為依歸，以才藝技能為輔佐。」

評講　「德」就是「本性」（所以老子說「失道而後德」，劉備字「玄德」，張飛字「翼德」）引申為倫理美德（所以曹操字「孟德」）。「游」字極好，有「廣泛而動態地觀賞涵泳，並且獲致如魚得水的喜樂」之意，如《漢書·藝文志·諸子略》說儒家「游文於六經之中」。本章孔子四語，是儒學本末總綱，極關重要。

7.7

子曰：「自行束脩以上，吾未嘗無誨焉。」

譯文　孔子說：「只要有起碼的誠意與禮節，我都不會不教的。」

評講　束脩：傳統解法是「一束十條乾肉」，古代最薄的見面禮。所以後來教師薪金也叫「束脩」。不過，孔子「有教無類」〔15.39〕志趣似乎不在開乾肉店。另解：年十五以上，能行束帶脩飾之禮。這個解法也於義較淺。又另解：懂得自覺地約束修飾，孔子本意應是如此吧。

7.8

子曰：「不憤不啟，不悱不發。舉一隅不以三隅反，則不復也。」

譯文　孔子說：「（學生）未到想求通而未得之時，不去啟迪；未到想表達而未遂之時，不去誘發。以四方的一角教他，他卻不能回覆之以其他三個角（這樣缺乏聯想、類推能力的人），也就不再教導了。」

評講　首先要「引起動機」，所重在「類推」「聯想」。孔子在此，啟發了後世寫《教育概論》《教學方法》者許多靈感。

7.9

子食於有喪者之側，未嘗飽也。

譯文　孔子在服喪者旁邊進食，從不吃飽。

評講　可見孔子深於情，守於禮，為他人感受設想，即是為自己的心理健康設想。

‖7.10

子於是日哭，則不歌。

譯文　孔子那天（參加過喪葬祭唁）哭泣過，就不歌唱。

評講　喜歡演戲的人，心理要不斷調適，才可以正常而平常地，過日常生活。

‖7.11

子謂顏淵曰：「用之則行，舍之則藏；唯我與爾有是夫。」子路曰：「子行三軍則誰與？」子曰：「暴虎馮河，死而無悔者，吾不與也；必也臨事而懼，好謀而成者也。」

譯文　孔子對顏淵說：「舉用我，就施行；捨棄我，就收藏——這種出處原則，只有你和我有了。」子路（有點失落感，甚至不服氣，就問孔子）說：「老師如果帶軍隊，會找誰一同去呢？（應該就是我吧？）」孔子說：「赤手空拳搏鬥老虎，不用船隻渡過河流，因此送命也不後悔，這樣的人（只是血氣之勇，盲目衝動）我是不會同他一起的，一定要面臨要務便謹慎戒懼、計劃周詳以保證成功（這樣的人，我才找他）。」

評講　適當時候，潑適量的冷水，也是一種「因材施教」。

7.12

子曰：「富而可求也，雖執鞭之士，吾亦為之。如不可求，從吾所好。」

譯文 孔子說：「財富如果可以求得的話，即使執鞭一類工作，我也不介意。如果不能強求，我還是做自己喜歡的事好了。」

評講 古代執鞭者或替上官開道，或為人馭車，或作市場管理，都並非高尚榮譽之職。問題是「死生有命，富貴在天」〔12.5〕，強求富貴，徒然自苦，不如「學不厭，教不倦」〔7.2〕「樂亦在其中矣」〔7.16〕。

7.13

子之所慎：齊、戰、疾。

譯文 孔子特別謹慎齋戒、戰爭、疾病。

評講 齊，即「齋」字。

7.14

子在齊聞《韶》，三月不知肉味。曰：「不圖為樂之至於斯也。」

譯文 孔子在齊國欣賞（帝舜以來的）《韶》樂，整整幾個月，連肉食的美味都忘記了，說：「想不到這音樂竟好到這個地步呀！」

7.15

冉有曰：「夫子為衛君乎？」子貢曰：「諾。吾將問之。」入曰：「伯夷、叔齊，何人也？」曰：「古之賢人也。」曰：「怨乎？」曰：「求仁而得仁，又何怨？」出曰：「夫子不為也。」

譯文 冉有說：「老師會幫助衛君嗎？」子貢說：「好，我問問老師。」進去，問道：「伯夷、叔齊兩個人怎樣？」孔子說：「古代的賢人啊。」再問：「有怨恨嗎？」孔子說：「他們尋求的是仁德，得到的就是仁德，有甚麼怨恨呢？」子貢出來，（對冉有說：）「老師不會幹了。」

評講 孔子的出處原則，和師徒的辭令機智，都於此章可見。

本章宜與子路篇「衛君待子而為政」（13.3）一章並觀。衛出公輒，是靈公之孫，其父蒯聵本為世子，因得罪靈公夫人南子而流亡在外。靈公死而衛人立輒為君，晉國又乘機送回蒯聵，藉此侵略、控制。子貢技巧極高地探問孔子意思。孔子認為：伯夷叔齊互相推辭君位而出走，因諫阻周武王伐紂的以暴易暴，不遂，於是隱於首陽，最後雖然餓死，但高風亮節，無愧初衷，所以說求仁得仁。相形之下，蒯聵與輒父子爭位，相差甚遠。子貢聽了孔子的評論，就猜到他無意幫助衛君了。

7.16

子曰：「飯疏食飲水，曲肱而枕之，樂亦在其中矣。不義而富且貴，於我如浮雲。」

譯文 孔子說：「吃粗飯、飲涼水，彎起手臂當枕頭，樂趣也在其中了。如果幹不正當的事而富有、顯貴，對於我來說，不過是天上浮雲一般飄渺、空虛罷了。」

評講 古人稱熱水為「湯」。〔16.11〕

此所謂「孔顏樂處」。〔6.11〕

7.17

子曰：「加我數年，五十以學《易》，可以無大過矣。」

譯文 孔子說：「給我多活幾年，到五十歲，好好研究《易》理就可以沒有大過失了。」

評講 《周易》本占筮之書，六十四卦的《卦辭》，每卦六爻的《爻辭》，作於孔子之前。《史記・孔子世家》說他「晚而喜《易》，序《彖》《繫》《象》《說卦》《文言》。讀《易》，韋編三絕，曰：假我數年，若是我於《易》則彬彬矣。」（「假」即是「借」，「韋編」，輯集竹木簡牘的熟牛皮條子）。不過，現代更多人同意：司馬遷提到的《彖辭》《繫辭》《象辭》《說卦》《乾、坤文言》等，即所謂「十翼」，是發揮甚至附會《易經》的《易傳》，出於戰國晚期以後，孔子早不及見。一說：「易」字本作「亦」，屬下句。朱熹說其時孔子已近七十，「五十」應為「卒」字之誤。

7.18

子所雅言：詩、書、執禮，皆雅言也。

譯文 孔子用國際標準語言的場合：吟誦詩書、執行禮儀，都用規範的標準話。

7.19

葉公問孔子於子路。子路不對。子曰：「女奚不曰：『其為人也，發憤忘食，

樂以忘憂，不知老之將至云爾。』」

譯文 葉公向子路問起孔子，子路沒有回答。孔子說：「你為甚麼不說：『他這個人啊，發憤用功起來，就連吃東西都忘記了；在生活中尋得了樂趣，就連憂慮都拋開了，年老的日子漸漸迫近，他也不知道了——這樣罷了。』」

評講 葉，舊讀攝，楚的一個地區。楚僭稱「王」，地方首長隨之稱「公」。其人名沈諸梁，亦當時名賢。又見〔13.16、13.18〕。

7.20

子曰：「我非生而知之者，好古，敏以求之者也。」

譯文 孔子說：「我不是生來就有知識的；我是愛好歷史文化，勤奮敏捷地去尋求得到的呀。」

7.21

子不語：怪、力、亂、神。

譯文　孔子不談論怪異、勇力、悖亂、神鬼。

‖7.22

子曰：「三人行，必有我師焉；擇其善者而從之，其不善者而改之。」

譯文　孔子說：「只要幾個人走在一起，其中一定有值得我學習的東西——好的，是正面教材，好好學習，天天向上；不好的，是反面教材，以他為鑑、警惕改正。」

評講　所以學而篇：「無友不如己者」〔1.8〕如果解作「不要結交不如自己的人」，大有問題。

‖7.23

子曰：「天生德於予，桓魋其如予何！」

譯文　孔子說：「上天給我以品性、能力，桓魋能把我怎樣呢？」

評講　桓魋：宋司馬。據《史記・孔子世家》：孔子離曹至宋，與弟子習禮於大樹下，桓魋使人拔倒大樹，欲害孔子，弟子催其速離，孔子從容而說上述之語。

7.24

子曰：「二三子以我為隱乎？吾無隱乎爾。吾無行而不與二三子者，是丘也。」

譯文　孔子說：「各位年青同學，以為我有所隱瞞嗎？我沒有啊，我沒有甚麼事不和大家分享的，這就是我孔丘了。」

評講　力可屈人於短暫，學可服人於一時，唯以至誠相感者可以久遠。孔子待人則開誠心，處事則佈公道，修己則學不厭，教人則誨不倦，對門生就如對自己之子〔16.13〕，磊落光明，數十年如一日，此所以布衣終老，而七十子心悅誠服，代代傳其化澤，既廣且遠。

7.25

子以四教：文、行、忠、信。

譯文　孔子拿來教導的有四項：書本知識的尋求，倫理道德的遵守，辦事的盡力盡心，與人交際的守信守約。

評講　這與先進篇〔11.3〕稱述孔門高足之中的代表人物：

德行：顏淵、閔子騫、冉伯牛、仲弓（行）
言語：宰我、子貢（信）
政事：冉有、季路（忠）
文學：子游、子夏（文）

合成所謂「四科十哲」。

‖7.26

子曰：「聖人，吾不得而見之矣；得見君子者，斯可矣。」子曰：「善人，吾不得而見之矣；得見有恆者，斯可矣。亡而為有，虛而為盈，約而為泰，難乎有恆矣。」

譯文

孔子說：「聖人，我不能見到了，能夠見到君子，也可以了。」孔子說：「善人，我不能見到了，見到堅持、長久地努力（去做好事）『有恆』的人，也可以了。——沒有而裝作有，空虛而扮作充實，刻意節制而看來從容，要『有恆』，真不容易呀！」

7.27

子釣而不綱，弋不射宿。

譯文　孔子也釣魚，但不用繩網；也用帶線的箭捕飛禽，但不射巢中的鳥兒。

評講　人類完全戒殺生而盡素食或人造肉，既尚未可能，則「有所不為」，未嘗不是逐步培養仁心之一法。

7.28

子曰：「蓋有不知而作之者，我無是也。多聞，擇其善者而從之，多見而識之，知之次也。」

譯文　孔子說：「（世上）大概總有一些人，不懂裝懂，胡亂創造，我就沒有這種行為了。要多聽聽，選擇好的去跟從；要多看看，記在心裏，這就比生來就懂的只差一些了。」

評講　「生而知之」〔7.20、16.9〕的天才，當然最好，不過極其稀少，也不必多想多講。正常而平常的人，要探求的，是怎樣「學而知之」，就要踏實努力，實事求是，多聞多見。

7.29

互鄉難與言，童子見，門人惑。子曰：「與其進也，不與其退也，唯何甚？人潔己以進，與其潔也，不保其往也。」

譯文 互鄉那地方（風俗氣習特別），大家都怕和他們溝通。當地有位少年，卻得到孔子接見，門人很困惑。孔子解釋：「我們喜歡他們進步、改善，不希望他們變得更糟糕，那又何必過份疏遠呢？人家清潔了自己而進來，我們要讚許他變得更乾淨，何必保留他的過去，做永遠的記憶呢？」

7.30

子曰：「仁遠乎哉！我欲仁，斯仁至矣。」

譯文 孔子說：「『仁』難道離開我們很遠嗎？我真正願意尋找、體驗這個『仁』，『仁』就來了。」

評講 孔子這話看似簡單隨意，其實與《顏淵》篇〔12.1〕所謂「為仁由己，而由人乎哉」，都是儒家極重要的理念，就是：最高道德，本於人性核心，完全是自覺的意願問題，只要真真實實喜歡仁愛公義，人就可以自我完善了，如《禮記．大學》

所云：「心誠求之，雖不中，不遠矣。」所以後來孟子說：「人皆可以為堯舜」，也比荀子所謂「人之性惡，其善者偽也」，更受喜愛與繼承，成為中國樂觀人性論的傳統，而與基督教《聖經》「原罪」信仰，如《羅馬書》七章保羅所說：「立志為善由得我，只是行出來由不得我」大異。

7.31

陳司敗問昭公知禮乎，孔子曰：「知禮。」

孔子退，揖巫馬期而進之，曰：「吾聞君子不黨，君子亦黨乎？君取於吳，為同姓，謂之吳孟子。君而知禮，孰不知禮？」

巫馬期以告。子曰：「丘也幸，苟有過，人必知之。」

譯文

陳司敗問孔子：「魯昭公知禮嗎？」孔子答：「知。」

孔子離開，陳司敗向巫馬期作揖，請他過來，說：「我聞說：『君子不偏祖人』——原來君子也會偏祖人嗎？（你看：）昭公娶吳國貴族，彼此是相同的姓姬啊！所以（不稱「吳姬」而）被稱為『吳孟子』（這不是違反『同姓不婚』的禮法嗎？）身為人君而婚姻如此！這還叫『知禮』？還有誰不知禮！（這樣替之辯護，不是偏袒嗎？）」

巫馬期告訴孔子。孔子說：「我真幸運啊！有過失，別人一定知道。（讓我知所改過！）」

評講 陳司敗（或曰官名，即司寇。非魯人，未能確考）故為此問，使孔子自評其君而失禮，孔子不墮其局，寧願自受「偏黨」之過。

7·32

子與人歌而善，必使反之，而後和之。

譯文 孔子與別人一同唱歌而效果好，一定請他再唱，然後自己跟着和唱。

評講 孔子喜歡、也擅長音樂。在齊聞《韶》，三月不知肉味（〔7.14〕），晚年自衛返魯，還努力做這方面的編整工作，使「樂正」，雅頌各得其所（〔9.15〕）。孟子弘揚孔學，長於《詩》《書》，但傳世言論沒有提到音樂。

7·33

子曰：「文，莫吾猶人也。躬行君子，則吾未之有得。」

譯文　孔子說：「讀書工夫，我也和人差不多吧。至於德行實踐，我就還沒有甚麼特別心得了。」

評講　莫，一解：大約、約莫。一解：燕齊方言，通「黽勉」「勉強」，今時日語猶用之以表「努力學習」之意。

7·34

子曰：「若聖與仁，則吾豈敢？抑為之不厭，誨人不倦，則可謂云爾已矣。」公西華曰：「正唯弟子不能學也。」

譯文　孔子說：「要說到『聖』與『仁』，我又怎敢當呢？不過是學習而永不滿足，教導而永不厭倦，那就可說差不多了。」公西華說：「這正是我們做學生的學不到的地方了。」

評講　夫子自道，一再說：「學不厭、教不倦」〔7.2〕，可見一生職志。

7·35

子疾病，子路請禱。子曰：「有諸？」子路對曰：「有之；誄曰：『禱爾於上下

神祇。』」子曰：「丘之禱久矣。」

譯文 孔子病了，子路提議向神靈祈禱。孔子說：「有這事嗎？」子路答道：「有。書上記着說：『對天上的神、地下的祇（音「祈」），為您祈禱。』」孔子說：「我的祈禱，早就做過了。」

評講 孔子是：

一、早前亦曾祈禱，其後久已不復再為？

二、久已祈禱，仍在期待？

三、久禱未效，漸已生疑？

四、已盡人事祈禱，姑且靜待天命？

當初記述倘更詳明，歷來異解或可減少。

7.36

子曰：「奢則不孫，儉則固。與其不孫也，寧固。」

譯文 孔子說：「奢侈鋪排，就鋪排、炫耀、不謙遜；節儉簡樸，就閉陋、死板、停滯、不發展。（不過，）與其不謙遜，寧願不發展。」

評講 嗜慾深者天機淺。由儉入奢易，由奢入儉難。清朝良吏薛時雨（慰農）有名聯：

為政戒貪，貪利貪，貪名亦貪，莫慕聲華忘政本；

養廉維儉，儉己儉，儉人非儉，還從寬大保廉隅。

康有為（民初［1917］）在北京美使館校刊所著）《論語注》：（北京中華版，頁105-106）

奢、儉俱失中，而奢之害大……若華美而合於禮，為文而非奢，孔子所尚矣……尚儉，則財泉滯而不流，器用窳而不精，智慧窒而不開，人生苦而不樂，官府壞而不飾，民氣偷而不振，國家瘻而不強——孔子尚文，非尚儉也。尚儉，則為墨學矣！

西潮激盪之秋，維新志士之眼，觀解儒經，邁越前賢了！

7·37

子曰：「君子坦蕩蕩，小人長戚戚。」

譯文　孔子說：「君子心地平和寬闊，小人常常憂愁局促。」

評講　即使在醫藥科學遠超孔子的現代，精神修養仍然是抗壓力、解憂愁的良方之一。抑鬱，不必完全歸咎於腦裏缺乏某種分泌。

7·38

子溫而厲，威而不猛，恭而安。

譯文　孔子溫和而莊正，威嚴而不兇猛，謙恭而安詳舒泰。

評講　「厲」字本義是磨刀石般硬朗，崖岸般高昂堅定；如果簡單地解為「嚴厲」，恐怕又不是當年眾弟子眼中這位可敬可愛的老師了。且看他處文句，對他怎樣描述；他對門生又如何循循善誘，中間還開玩笑。

泰伯　第八

8.1

子曰：「泰伯，其可謂至德也已矣。三以天下讓，民無得而稱焉。」

譯文

孔子說：「泰伯，他可說是最崇高品德者了！屢次以最高統治權位退讓，人民真沒辦法找適當的話來讚美他！」

評講

人是政治動物，權力地位的產生轉移，鬥爭複雜和慘烈程度，遠遠超出禽獸，理性和平抑或野蠻血腥，決定了萬千生靈的禍福。萬千年發展軌跡，由神話、傳說而疑竇永存、爭論不斷的所謂信史，是普世所同；以封土建國、婚姻宗法構成社會政治倫常，則是發展成型的承先而後的周初禮樂文制，經過歷代聖賢傳述，政府宣揚利用，而美化模範直到近代。

西周建國立朝的成功經驗：從渭河平原的農業之邦，到三分天下有二，到糾合同盟，牧野一舉滅紂。

許倬雲《西周史》P.88〈泰伯〉：

渭水，發同中游，出晉南江漢，殷商喪天命，上帝「乃眷西顧」(《大雅·皇矣》)。

文武成康盛世偉業的由來，自然聚集於姬昌能膺聖人大寶之位，關鍵就在當初得泰伯讓國——比照起後來演出不窮的「煮荳燃萁」「玄武門之變」「燭影斧聲」等等宮庭內鬥悲劇，「泰伯讓國」自然成為永遠光輝的典範了！

神話式的典範故事是這樣的：周邦宗長左公亶父(太王)欲翦商圖強，而長子太伯、次子仲雍無意，三子季歷生姬昌才德超卓，深得祖父歡心，乃擬立季歷以便最後傳位與之。太伯知父意，乃託辭採藥療父，偕仲雍逃於荆蠻，及太王歿，太伯一讓而季歷為喪主禮，二讓而不回周奔喪，三讓而從瀕海漁人之俗斷髮文身，以示不堪為中原社稷之長。

於是季歷即位(王季)終傳姬昌為西伯(文王)，再傳子姬發(武王)，遂滅商。《史記》謂封太伯之後為二，一虞在中國(今山西平陸縣北，春秋時滅於晉獻公)，一吳在夷蠻，明楊慎《題評》：「『世家』首太伯，『列傳』首伯夷，貴讓也。」(韓兆琦《史記箋證》頁2191引)

8.2

子曰：「恭而無禮則勞，慎而無禮則葸，勇而無禮則亂，直而無禮則絞。君子篤於親，則民興於仁；故舊不遺，則民不偷。」

譯文

孔子說：「恭敬而無禮，就疲勞；謹慎而無禮，就畏縮；勇敢而無禮，就闖禍；率直而無禮，就急躁。君子親族關係堅實深厚，百姓被仁愛激勵；老朋友不疏遠、不遺忘，百姓就不致涼薄。」

評講

孔子成德之學以「仁」為宗歸，亦以「仁」為基源，因之而有「義」的適宜原則，再因之而有「禮」的「明理」與「知份」，更因之而恭、慎、勇、直諸德，都有恰可適宜着落。

「君子篤於親」以下，疑是另章，亦孟子「親親而仁民，仁民而愛物」（《盡心上》）之意。

8.3

曾子有疾。召門弟子，曰：「啟予足，啟予手。詩云：『戰戰兢兢，如臨深淵，如履薄冰。』而今而後，吾知免夫！小子！」

譯文　曾子病重了，召喚門下弟子，說：「替我看看我的腳，我的手（我是完完整整地接受父母所賜的軀體，也完完整整地帶回祖先家族去）。《詩三百篇》說：『顫顫抖抖啊！恐怕墜下，像走近深淵；畏懼震驚啊！恐怕陷沉，像踏足薄冰。』從今之後，我知道自己可以免於禍患了，青年人！」

評講　今《詩經．小雅．小旻》篇末句。

能「內自訟」〔5.27〕，經常「三省吾身」〔1.4〕，這就是曾子，他傳承孔子晚年最成熟學問、又將道德價值自覺之學，回傳孔子之孫子思以至於孟子。比較《聖經．哥林多後書》四五章保羅最後日子的話，可見聖哲面臨生命終結時平靜釋然的心態。

8.4

曾子有疾。孟敬子問之。曾子言曰：「鳥之將死，其鳴也哀；人之將死，其言也善。君子所貴乎道者三：動容貌，斯遠暴慢矣；正顏色，斯近信矣；出辭氣，斯遠鄙倍矣。籩豆之事，則有司存。」

譯文　曾子有病，魯國大夫孟敬子探望他，（並且請問他有甚麼囑咐。）曾子說：「鳥要死了，啼叫是悲哀的；人要死了，說話是善良的。君子所貴於平時教育修養有三個重點：儀態方面的改變，這就是遠離粗暴傲慢了；神色方面的端正，這就是近於誠信了，談吐方面的表達，這就是遠離粗鄙、背理了。（與人相接，也就是先見儀態，再親神色，後聽語言這三個次序了。）至於祭祀禮儀細節之類，自然有各種人員負責。（不必我多講了！）」

‖8.5

曾子曰：「以能問於不能，以多問於寡；有若無，實若虛，犯而不校。昔者，吾友嘗從事於斯矣。」

譯文　曾子說：「本身才能高，卻向才能低的人請教；本身知識豐富，卻向知識少的人詢問，有，謙得像沒有；老實，謙得像空虛，被人冒犯，卻不計較——從前我的一位學友，就曾經在這些方面努力修養了。」

評講　曾子這位「舊友」，向來都說就是顏淵。

‖8.6

曾子曰：「可以託六尺之孤，可以寄百里之命；臨大節，而不可奪也。君子人

與？君子人也！」

譯文　曾子說：「（一個人）可以把小孤兒付託給他照顧，可以把一個地區的安危給他負責，臨到最重要關頭，堅持原則，不動搖、不屈服——這樣的人，是君子了吧？當然是君子！」

評講　上古尺度短於後世，「人長八尺，故曰丈夫」；所以說「五尺之童」。周代六尺，約合 138 厘米。「與」即「歟」。

8.7

曾子曰：「士不可以不弘毅，任重而道遠。仁以為己任，不亦重乎？死而後已，不亦遠乎？」

譯文　曾子說：「作為一個起碼的社會精英，不可以不堅強忍耐而有氣魄，因為要負的責任很重，要走的道路很遠——（試想想：）以實現仁德作為自己的責任，不是很沉重嗎？人生責任，到死才完結，路途不是很長遠嗎？」

8.8

子曰：「興於詩，立於禮，成於樂。」

譯文 孔子說：「以《詩》來興發感情，作為教育的起步；以《禮》來規範行為，以建立操守；以《樂》來溝通人我，以完成『群居和一』的社會理想。」

評講 原文太簡約，不易確解，綜合孔子與儒家後學言論，譯之如此。

8.9

子曰：「民可使由之，不可使知之。」

譯文 孔子說：「民眾可以叫他們跟循，不可以讓他們知道。」

評講 孔子這話，在「開啟民智、發揚民主、振興民權」成為天經地義的今日，懷疑、批評、斥罵的人太多了！有人以為一向的斷句有誤，應該是「民可，使由之；不可，使知之」以至「民可使，由之不可；使知之」；於是與法家「民不可與慮始，而可與樂成」之類涉於愚民的政策有別。更有人指出：原文不是說政府與人民，而是講一般人與高深道理。即使以「形而下」的器物為例，譬如今日「是興神物以前民用」的電腦，操作不是很容易嗎？至於深入探討設計製作，又豈是一般人容易明白呢？

‖8.10

子曰：「好勇疾貧，亂也。人而不仁，疾之已甚，亂也。」

譯文 孔子說：「喜好勇武、厭惡貧窮，難免出亂子。對不仁的人，厭惡過甚，也會出亂子。」

評講 孔子常講「安貧樂道」「嘉善而矜不能」，正是治心以防亂的良方，以免激反自己與他人。

‖8.11

子曰：「如有周公之才之美，使驕且吝，其餘不足觀也已。」

譯文 孔子說：「如果有周公旦般的才華和美處，卻又驕傲又吝嗇，別的方面也就不值得看了！」

評講 性行其他缺失，人亦稍知或多知自愧；至於驕傲太甚，人必剛愎自用，甚至自擬神明，共天比高！此所以歐洲中古教會，以「驕」為眾罪之首。

8.12

子曰：「三年學，不至於穀，不易得也。」

譯文　孔子說：「求學了三年，還未想到出仕求祿，真不容易啊！」

評講　《論語》文字太簡，時有歧解。本章即是一例。

	鄭玄注	孔安國注邢昺疏	朱熹注	甲解	乙解
穀	米糧、俸祿	(米粒→生→善，古侯王自稱「不穀」)	俸祿		
至			疑當作「志」		
不易得				重利祿	重學道

‖8.13

子曰：「篤信好學，守死善道。危邦不入，亂邦不居。天下有道則見，無道則隱。邦有道，貧且賤焉，恥也；邦無道，富且貴焉，恥也。」

譯文　孔子說：「（對真理）堅定地相信，熱切地學習，至死不渝地保守。危險的地區不進入，動亂的國家不居住，社會上軌道就出身，悖亂錯謬就歸隱，（所以）政治清明，而自己仍然貧困卑賤，這是恥辱。國家昏亂，而自己竟然富有、顯貴，也是恥辱！」

評講　就道家看來：政治無所謂「清明」，任何社群組織都是庸人自擾，所以孔子屢受隱士之譏（如《微子》篇所載）。就熱烈的志士看來：正因為「邦無道」，所以更須努力；只是消極地「守死善道」「窮則獨善其身」又怎足夠呢？「儒生」與「傳教士」的不同，在此可見。現代新儒家宗師想建立「人文教」以抗拒佛、耶，恐怕是很難了！

‖8.14

子曰：「不在其位，不謀其政。」

譯文　孔子說：「不在那個職務崗位，不謀求那個決定權責。」

評講　是不過問、不侵越；至於關心聆聽與否，各從所安。讀聖賢書，「家事國事天下事，事事關心」，所以有「輿論」「清議」。

8.15

子曰：「師摯之始，《關雎》之亂，洋洋乎盈耳哉！」

譯文　孔子說：「由音樂領導太師摯演奏開始，到《關雎》合奏結束，一波又一波美妙旋律，充滿了耳朵啊！」

8.16

子曰：「狂而不直，侗而不愿，悾悾而不信，吾不知之矣。」

譯文　孔子說：「狂妄衝動而不坦白直爽，幼稚無知而不誠樸真實，沒有能力而又沒有信用，這種人我真不知道怎辦了！」

8.17

子曰：「學如不及，猶恐失之。」

譯文　孔子說：「求學好像總追不上，還怕太過落後，失去了目標。」

評講　「失之」是失去「所學」，也失去「時機」。

8.18

子曰：「巍巍乎，舜禹之有天下也而不與焉！」

譯文　孔子說：「真崇高呀！帝舜、夏禹，得到普世擁戴，卻並不視為私有財產。」

8.19

子曰：「大哉堯之為君也！巍巍乎！唯天為大，唯堯則之。蕩蕩乎，民無能名焉。巍巍乎其有成功也，煥乎其有文章！」

譯文　孔子說：「偉大啊，帝堯作為領袖！天最偉大，堯就以天為效法！廣闊啊！人民沒有辦法用話語描述他的功德！真崇高啊，他的功業成就！真燦爛啊，他的禮制文采！」

8.20

舜有臣五人而天下治。武王曰：「予有亂臣十人。」孔子曰：「才難，不其然乎？唐虞之際，於斯為盛。有婦人焉，九人而已。三分天下有其二，以服事殷。周之德，其可謂至德也已矣。」

譯文

舜有五位賢臣（——禹、稷、契、皋陶、伯益），而天下太平。周武王說：「我有十位得力幹部（——周公旦、召公奭、太公望、畢公、榮公、太顛、閎夭、散宜生、南宮适、武王之母太姒或后邑姜）。」孔子說：「人才難得，不是嗎？唐虞之間到武王這時，情況真好！還有一位是婦女呢！在外面朝廷的，實際九個人而已！已經得到三分之二天下的人歸心：還是對殷商稱臣，周文王的風度才能，真是好極了！」

評講

理想和平的最高政權轉移，孔孟始終嚮慕禪讓勝於征誅。在上古，是空想……是神話（甚至謊言）；在現代，是共識，是民主選舉、是接近實在。

8.21

子曰：「禹，吾無間然矣。菲飲食而致孝乎鬼神，惡衣服而致美乎黻冕，卑宮室而盡力乎溝洫。禹，吾無間然矣。」

譯文

孔子說：「夏禹，我沒有漏洞可以找來疵議了！自己飲食淡薄，而隆重酬享鬼神；衣服粗惡，而祭祀禮服莊重華美；住居低下，而盡力搞好農田水利——夏禹，我真是沒辦法在豆腐裏找骨頭了！」

子罕 第九

子罕言利，與命與仁。

譯文 孔子很少談論「利」字。他所標舉的是「天命」與「仁德」。

評講 舊解此章，都說「孔子很少講説利、命、仁。」查《論語》之中，提及「利」六次，「命」十次，但「仁」卻有百次，不能説「罕」。即使《論語》提及「利」「命」不多，連同《論語》所未記載的，不見得一定少，所以，「罕」字於事實不合。有人解釋是被動答問的除外，主動説起的才算，這個理由更覺牽強。況且，倘照舊解，原文應作「子所罕言：利、命、仁」，如以下幾則之例。大解經家朱熹、劉寶楠等都從「義利」之辨反覆回護，總之難免牽強。其實「與」即「吾與點也」和《禮記·禮運·大同》「選賢與能」之「與」，作動詞「讚許、推舉」等解。孔子少説「利」，因為利之有無歸於「命」，利之取捨顯其「仁」。以「仁」處「利」，有之，則由「富而無驕」以至「富而好禮」；無之，則由「貧而無諂」以至「安貧樂道」（見《學而》篇〔1.15〕，子貢與孔子問答），所以孔子多言「仁德」，又說「不知命無以為君子」。前賢王若虛、史繩祖所見近此，可從。

9.2

達巷黨人曰：「大哉！孔子。博學而無所成名。」子聞之。謂門弟子曰：「吾何執？執御乎？執射乎？吾執御矣。」

譯文　達巷社區的人說：「偉大啊！孔先生。學問淵博，卻沒有一門稱作專家。」孔子聽到了，便對學生們說：「我幹哪一行好呢？駕車專家呢？還是射箭專家呢？不如就駕車好了。」

評講　孔子以禮樂射御書數六藝教人，既專且博。這是他輕鬆的自謙。也大概因為「御」是最易被視為「粗人」所幹的活吧。

9.3

子曰：「麻冕，禮也；今也純，儉，吾從眾。拜下，禮也；今拜乎上，泰也。

雖違眾，吾從下。」

譯文　孔子說：「用麻製冠冕是傳統禮制，如今用純織了，比較省儉，我贊成跟大眾。臣謁見君，先在堂下拜禮，然後升堂，這是禮制。如今先就升堂行拜，是簡慢了，雖然與大眾相反，我還是贊成先在堂下拜禮。」

評講　「純」究竟是「絲」抑或「緇」？為甚麼竟然較「麻」為儉？是不是如前賢所解是織法與經縷之數不同？既然實在說得不明白而又無關宏旨，如康有為《論語注》所云：「事之易簡進化者，可從眾；事之慢泰違禮者，不可從眾。眾有得失，當擇之也。」如此便是了。

9.4

子絕四：毋意，毋必，毋固，毋我。

譯文　孔子戒絕魯莽的臆度猜測、沒有根據的肯定、不知變化的執着，和無視他人存在的自大專斷。

評講　意，即「臆」字。

9.5

子畏於匡。曰：「文王既沒，文不在茲乎？天之將喪斯文也，後死者，不得與於斯文也。天之未喪斯文也，匡人其如予何！」

譯文　孔子在匡邑受驚，說：「周文王去世了，文化承傳的責任，不就在（我們）這裏嗎？如果天要消滅這個文化，那麼我們這些死在（文王）以後的人，就沒有機會承受文化了。如果天不要消滅這個文化，匡人又能把我怎樣呢？」

評講　魯國主政貴族季孫氏家臣陽虎，曾害匡邑。魯定公十五年（公元前495），孔子由衛往陳，途中經匡，匡人誤以為所恨惡之陽虎，圍而困之。孔子的話，表現了可敬的使命感、可佩的自信心。

9.6

太宰問於子貢，曰：「夫子聖者與？何其多能也？」子貢曰：「固天縱之將聖，又多能也。」子聞之，曰：「太宰知我乎！吾少也賤，故多能鄙事。君子多乎哉，不多也。」

譯文　太宰問子貢說：「孔先生是聖人吧？為甚麼這樣多才多藝呢？」子貢說：「本來就是上

天要他成為聖人，又使他才學廣博。」孔子聽了，就說：「太宰了解我嗎？我小時候窮苦，所以學會了不少微不足道的東西。君子是以才能多而取勝嗎？恐怕不是吧。」

評講

《為政》篇：「君子不器」——君子不像器皿般，只有有限的用途；更非只有作為工具而沒有自己的自由意志與道德價值觀念。所以，君子一方面「博學於文」，「多能」也總不嫌多；一方面「約之以禮」（《雍也》〔6.27〕），不以「多能」為最高目標，更不以「多能」自滿。

9.7

牢曰：「子云：『吾不試，故藝。』」

譯文

琴牢（子開、子張）提起：「孔子說過：『我沒有從政見用，為了生活，所以多能「鄙事」。』」

9.8

子曰：「吾有知乎哉，無知也。有鄙夫問於我，空空如也。我叩其兩端而竭焉。」

譯文　孔子說：「我有知識嗎？沒有啊。有個鄉下人問起我一些東西，我就發覺自己空空洞洞的了。我就只能夠把問題的正面與反面、開首與結果等等相對的兩頭，盡力思考罷了。」

9.9

子曰：「鳳鳥不至，河不出圖；吾已矣夫！」

譯文　孔子說：「鳳凰不飛來，黃河不出圖畫，我完了罷！」

評講　古人相信：聖王在位的太平盛世，有神鳥鳳凰出現，黃河龍化為馬負圖而出。孔子借此歎息大道不行，清平無望。

9.10

子見齊衰者，冕衣裳者，與瞽者，見之，雖少，必作；過之，必趨。

譯文　孔子見到穿喪服的、穿禮服的、失明的人士，即使是年輕人，也一定站起來；要經過他們，也必快走幾步。

評講

齊衰：音「資崔」，下邊縫齊的熟麻布喪服。子對父、臣對君的最重喪服，則用生麻布，不縫左右和下邊，謂之「斬衰」。

本章與以下兩則，都顯示孔子以尊重態度，對不幸者矜恤和有權貴者敬禮。

9.11

顏淵喟然歎曰：「仰之彌高，鑽之彌堅；瞻之在前，忽焉在後。夫子循循然善誘人。博我以文，約我以禮，欲罷不能。既竭吾才，如有所立卓爾！雖欲從之，末由也已。」

譯文

顏淵感歎説：「抬起頭望它，更加覺得它崇高；用力鑽研它，更加覺得它堅實；看看它在前面，忽然在了後面。（這就是老師的道了。）老師一步一步地、巧妙地引導我們，用豐富的書本學識，開拓我的心靈，用理性的禮制規範，約束我的行為，使我（努力前進，）想停止也不能停止。盡了我的能力，好像有所見，似乎大道就崇高地在前面了。不過，雖然想緊緊跟貼它，還是沒有辦法呢！」

評講

孔門高弟，顏回之安貧樂道〔6.11〕最受稱賞，其不幸早逝，孔子也極之傷感（均見《先進》第十一），本章也可見其好學，不愧孔子所讚。

9.12

子疾病。子路使門人為臣。病間，曰：「久矣哉，由之行詐也！無臣而為有臣，吾誰欺？欺天乎？且予與其死於臣之手也，無寧死於二三子之手乎！且予縱不得大葬，予死於道路乎？」

譯文

孔子病重了，子路（看看不好，）就發動同學生徒，組織起來，（像那些高級貴族一般）安排一些家臣來準備病體以至遺體的事。過了一段時間，孔子竟然好了，就（大大動氣）說：「仲由你們弄虛作假太長久了！沒有家臣卻裝作有家臣，我欺騙誰？騙騙天公嗎？還有啊！我與其死在這些假的所謂家臣之手，還不如死在真的學生們之手還好呢！還有呀！縱使我不得風光大葬，難道我就會死在道路嗎？（太過份了！）」

評講

孔子一生務正名，守禮法，所以痛心憤怒於被親愛門人「好心做壞事」的擺佈。且看原文兩個「且」字，何等勞氣！

9.13

子貢曰：「有美玉於斯，韞匵而藏諸？求善賈而沽諸？」子曰：「沽之哉！沽之哉！我待賈者也。」

譯文 子貢說：「這裏有塊美玉，是放它在櫃裏藏起來呢，還是找個識貨的賣個好價錢？」孔子（笑笑）說：「賣了吧！賣了吧！我等待識貨的啊！」

評講 韞，藏；匵，同櫝，匱（櫃）的別稱。賈，古「價」字。一說：商人。「諸」，「之歟」之合。

師生兩位，都表現了機智幽默，儒者志切用世之情，也於此可見。當然，孔子並不真的把自己當作只問價錢、不問買主的商品。

9.14

子欲居九夷。或曰：「陋。如之何？」子曰：「君子居之，何陋之有？」

譯文 孔子想住到魯國南邊淮、泗流域的眾多夷人部落地區去。有人說：「太落後了，怎辦？」孔子說：「君子到那裏住，又怎會落後呢？」

評講 《孟子．盡心上》：「夫君子所過者化，所存者神。」（君子經歷之處，便會感化；所存留之處，便會發生神妙的影響。）滿懷政治與教育理想、學識與經驗的孔子，自然有此抱負，所以說「何陋之有」。至於物質生活，所謂「君子憂道不憂貧」，

「謀道不謀食」（《衛靈公》篇〔15.32〕）原不是孔子最措意處。至於宗教傳道人，就更必須有此襟懷抱負了！

唐文名篇《陋室銘》立意本此。

9.15

子曰：「吾自衛反魯，然後樂正；雅、頌各得其所。」

譯文 孔子說：「我從衛返魯，才把樂章訂正，朝廷典禮的『雅』，宗廟祭祀的『頌』，都各用在適當的地方。」

評講 孔子結束周遊列國返回故鄉，在魯哀公十一年冬。「雅」「頌」，是《詩經》「國風」（各地民歌）以外的兩個部份。

9.16

子曰：「出則事公卿，入則事父兄，喪事不敢不勉，不為酒困，何有於我哉？」

譯文 孔子說：「離家出外替官長服務，在家事奉父兄，辦喪事不敢不盡力，不貪杯嗜酒……這等事情，對我來説，做到些甚麼呢？」

評講

登高必自卑、行遠必自邇，《大學》所謂「明明德、親民、止於至善」，《中庸》所謂「自誠（真實本體）明（人類自覺努力），謂之性（天命良知），自明誠，謂之教；誠則明矣，明則誠矣」，其理一貫。

9.17

子在川上。曰：「逝者如斯夫！不舍晝夜。」

譯文

孔子在河邊，（感歎地）説：「消逝的（時光）就像這些（奔流的河水）了！不分白天黑夜（都不停留）。」

評講

時間與生命的流逝，譬如川河；濯足江中，提起而再踏下，已非前水。這種哲人之歎，中外同有，正是人心的共感。

李澤厚以此為全書最重要的哲學話語：「以動為體」。

9.18

子曰：「吾未見好德如好色者也。」

譯文　孔子說：「我沒有見過喜愛道德如同喜愛美色的人啊！」

評講　《衛靈公》篇也記此說〔15.13〕，只是多了「已矣乎」（算了吧）三字，更見哲人久觀眾生靈慾苦戰之後的慨歎。

9.19

子曰：「譬如為山，未成一簣，止，吾止也。譬如平地，雖覆一簣，進，吾往也。」

譯文　孔子說：「好比堆積泥土，差一筐便完成一座小山了，卻停下來，那就是我自己停止了。好比填平凹窪，雖然只傾下了第一筐，由此繼續也，就是我自己前進了。」

評講　孔子原意，也就是仁道行與不行，自覺自動都由本身的價值意志，重點在重複的「吾」字；後人所謂「為山九仞，功虧一簣」，教人不要半途而廢，是另一意思了。

9.20

子曰：「語之而不惰者，其回也與！」

譯文　孔子說：「對他講話而不懶得聽從的，就是顏回了！」

評講　師生之間，亦須性情相契，志趣相投，功力相應，然後遇合之樂，乃成千古文化佳話。《論語》所記，孔子屢道顏回好學冠於群倫，至不幸早逝，孔子亦逾常悲哀！

9.21

子謂顏淵，曰：「惜乎！吾見其進也，未見其止也。」

譯文　孔子提起顏淵，（無限傷痛）說：「可惜啊！我看着他不斷進步，沒有見到他停止啊！」

評講　遇合之樂，千古所幸，哲士早亡，萬世同悲！

9.22

子曰：「苗而不秀者有矣夫！秀而不實者有矣夫！」

譯文　孔子說：「長出了苗，開不了花，情況是有的；開出了花，結不成果，情況也是有的。」

評講　以教育為職志者的心聲：耕耘不輟，受教者如何？總成效如何？亦盡人事以安天命而已！

9.23

子曰：「後生可畏，焉知來者之不如今也？四十五十而無聞焉，斯亦不足畏也已。」

譯文　孔子說：「對年輕人是不可以忽視的，怎能斷定後來的人一定比不上現在呢？如果到了四五十歲，還沒有名聲，那就沒有甚麼可敬可怕了。」

評講　「畏」有「敬重」之意，如孔子所謂「君子有三畏」，與單純的「懼怕」不同。孔子說「君子疾沒世而名不稱焉」〔15.20〕，但又說「人不知而不慍」〔1.1〕「不患人不己知，患己不知人也」〔1.16〕，諸說重點不同，並非矛盾。王陽明釋「聞」為「聞道」，程樹德謂此解似是而實非。李澤厚則從之。

9.24

子曰：「法語之言，能無從乎？改之為貴。巽與之言，能無說乎？繹之為貴。說而不繹，從而不改，吾末如之何也已矣。」

譯文　孔子說：「合情合理、令人敬憚的話，誰能不聽從呢？真正改善了才可貴。順心順意、令人關懷的話，誰能不喜悅呢？冷靜分析了才可貴。如果喜悅而不分析，聽從而不改善，我也沒有辦法了！」

9.25

子曰：「主忠信，毋友不如己者，過則勿憚改。」

評講　本章另見《學而》篇而逸其半。

9.26

子曰：「三軍可奪帥也，匹夫不可奪志也。」

譯文　孔子說：「整個軍隊的領袖（散漫起來）可以奪去，一個普通人的意志（堅強起來），不可以奪去。」

評講　中外歷史常有的：軍隊以眾臨寡，而忽然土崩瓦解；匹夫匹婦，為愛情、為憤怨、為信仰，而百折不回、視死如歸，歸根究柢，主要都是意志問題。

9.27

子曰：「衣敝縕袍，與衣狐貉者立，而不恥者，其由也與？『不忮不求，何用不臧？』」子路終身誦之。子曰：「是道也，何足以臧？」

譯文　孔子說：「穿着破舊棉袍，和穿狐貉大衣的人同站，而並不感到羞恥的，就是仲由吧？（《詩・邶風・雄雉》有句：）『不妬忌，不貪求，有甚麼不好？』」子路從此老唸着這（深得他心的）兩句。孔子說：「這是人生的基本道路啊！單單如此，並不夠好！」

評講　衣作動詞，去聲，音「意」。貉，音「鶴」，似狸，毛極保暖。另音「陌」，通「貊」，北方夷狄。

9.28

子曰：「歲寒，然後知松柏之後彫也。」

譯文　孔子說：「天冷，才知道松柏耐得住歲寒，最後才凋謝。」

評講　孔子這比喻太深入人心了，「歲寒三友——松、竹、梅」於是道德化而為中國高尚情操的代表，以至變成許多人的好名字。

9.29

子曰：「知者不惑，仁者不憂，勇者不懼。」

譯文　孔子說：「有環境智慧的人不迷惑，有中心修養的人不憂慮，有向前衝勇氣的人不懼怕。」

評講　知，音義同「智」。

《中庸》第二十章：「子曰：好學近乎知，力行近乎仁，知恥近乎勇。」又說：「知仁勇三者，天下之達德也。」朱子注解所謂「天下古今所同」，就是「達」了。（參看〔14.28〕）

9.30

子曰：「可與共學，未可與適道；可與適道，未可與立；可與立，未可與權。」

譯文　孔子說：「可以一同學習，未必可以同走一路；可以同志同路，未必可以堅持同一立場原則；可以堅持同一原則，未必可以同樣靈活通變。」

評講　世事洞明，人情練達，立而能變，守經知權，方可闡明此理。

「唐棣之華，偏其反而。豈不爾思？室是遠而。」子曰：「未之思也，夫何遠之有？」

譯文　「唐棣花啊，翩翩地翻來翻去啊；難道不想念你嗎？只是住得太遠啊！」孔子說：「沒有真的想念吧，——（如果真的想念，）多遠也想得到！」

評講　儒家成德，歸本於價值自覺之心的「一念」，《述而》：「仁遠乎哉？我欲仁，斯仁至矣！」《禮記．大學》：「心誠求之，雖不中，不遠矣！」釋教亦主意念，禪家所謂「放下屠刀，立地成佛」。

鄉黨 第十

孔子於鄉黨，恂恂如也；似不能言者。其在宗廟、朝廷，便便言，唯謹爾。

譯文　孔子在家鄉，謙和恭順，像個不會說話的人。在宗廟、朝廷，有話便流利地講，只不過仍然謹慎小心。

評講　恂，音「詢」。

《論語》他篇所記，以孔子言論為主，偶有只記生活情態，如〔7.4、7.38〕。只記日常起居，並不記言的，就是《鄉黨》。《鄉黨》是《論語》前十篇的總結，雜記孔子平時的舉止動靜以作楷模。舊作一章，朱熹《集注》分為十七節，劉寶楠《正義》廿五節。程樹德《集釋》廿七節。中間分合稍有不同。本書從程本。

‖10.2

朝，與下大夫言，侃侃如也。與上大夫言，誾誾如也。君在，踧踖如也；與與如也。

譯文 （孔子）上朝，和下大夫交談，平靜、自信而從容。與上大夫講話，就溫和而莊重。國君在場，恭敬而小心，不過仍然安詳大方。

評講 誾，音「銀」。踧踖，音「促即」，步姿敬畏。與，《說文》有懙、惥等字，皆行步安舒而緩急適度意。

‖10.3

君召使擯，色勃如也，足躩如也。揖所與立，左右手，衣前後，襜如也。趨進，翼如也。賓退，必復命曰：「賓不顧矣。」

譯文 （魯國）君主召喚（孔子）接待外國賓客，他容顏莊重興奮，腳步輕快。和一同站立的人作揖，左右拱手，衣服前飄後擺，仍然整整齊齊。急步前進時，像張展的翅翼。到賓客離開，一定（在目送之後）回報（君主）説：「客人已經不回顧了。」

評講 古今中外禮儀精神，皆在賓主互相敬重，即如現代都市平民多居斗室，訪者離時，主人仍舊目送以示惜別，未宜閉戶過急，令人有遺棄之感。

10.4

入公門，鞠躬如也，如不容。
立不中門，行不履閾。
過位，色勃如也，足躩如也，其言似不足者。
攝齊升堂，鞠躬如也，屏氣似不息者。
出，降一等，逞顏色，怡怡如也。
沒階，趨進，翼如也。復其位，踧踖如也。

譯文

孔子進入朝廷大門，彎着腰身，好像空間緊窄的樣子。站立，不在門的中間；走路，不踩着門檻。經過君主位置，顏容謹慎莊重，腳步快而穩，話語簡單短促。提着衣襟上廳堂，彎着腰身，稍忍着氣息，好像停止呼吸的樣子。走出廳堂，下了一個台階，顏容就放鬆了，很有舒暢的樣子。走完了台階，行步就比較急快，好像鳥兒展翅。最後回到座位，又是謹慎敬重的樣子。

10.5

執圭，鞠躬如也，如不勝。上如揖，下如授。勃如戰色，足蹜蹜如有循。

享禮，有容色。

私覿，愉愉如也。

譯文

（孔子出使外國，在典禮中）執着（代表的禮器）玉圭，微彎着腰，恭敬謹慎，好像拿不起來似的。向上舉，像作揖；放下來，像給予。顏容莊重，有點緊張，腳步細碎，好像循着某一條路線。

（聘問之後的）獻享，（羅列帶來的禮物，）和顏悅色。

個人會面，滿臉愉快。

10.6

君子不以紺緅飾，紅紫不以為褻服。

當暑，袗絺綌，必表而出之。

緇衣，羔裘；素衣，麑裘；黃衣，狐裘。

褻裘長，短右袂。

必有寢衣，長一身有半。

狐貉之厚以居。
去喪，無所不佩。
非帷裳，必殺之。
羔裘玄冠不以弔。
吉月，必朝服而朝。

譯文

（孔子，正如一般）君子，不用黑天青或者鐵灰色鑲邊，不用淺赤和紫色便服（以合禮制）。暑天，穿粗或細的葛布單衣，並且必定裏着襯衣，使單衣露在外面。黑衣配紫羔裘，白衣配麑裘，黃衣配狐裘。居家皮襖長些，右邊袖子就比較短（便利工作吧）。睡眠一定有小被，長度是本人身高加一半。用狐貉皮作坐墊。喪服期滿，甚麼都可以佩帶。不是（上朝和祭祀用的）整幅布造的下裳，一定縫邊裁短。弔喪不穿戴紫羔裘、黑禮帽。每月初一，必定穿上朝禮服去朝賀。

齊，必有明衣，布。齊必變食，居必遷坐。

譯文　（孔子）齋戒沐浴時候，必定有浴袍，布造的。齋戒時，一定改變了平時的飲食和起居的位置。

評講　齊，古代假借為「齋」字。

10.8

食不厭精，膾不厭細；食饐而餲，魚餒而肉敗，不食。色惡不食，臭惡不食，失飪不食，不時不食。割不正不食，不得其醬不食。肉雖多，不使勝食氣。唯酒無量，不及亂。沽酒市脯不食。不撤薑食，不多食。

譯文　（孔子）吃的米磨得越精越好，魚肉切得越細越好。飯黴臭了，魚腐爛了，肉敗壞了，都不吃。食物的顏色難看，氣味難聞，烹飪得不妥當、不合時令、切割得不正確、沒有該用的醬料，都不吃。副食的肉雖然多，吃的份量不超過主食的飯量。喝酒方面就沒有定量，總之不到醉的地步。外邊買來的酒和乾肉，不吃。吃過飯後，留在桌上的薑，也不多吃。

評講　講飲食衛生、保健長壽者，可以細研這幾章節，或者明白孔子在平均壽命遠短於今的二千五百年前，何以可非常出眾地活到七十三歲。

10.9

祭於公，不宿肉。祭肉不出三日，出三日，不食之矣。

譯文　（孔子）參加公家祭祀，祭肉不留到第二天。別的祭肉，不存留多過三天。過了期，就不吃。

10.10

食不語，寢不言。

譯文　（孔子）進食的時候，不講話；臨睡，也不交談。

10.11

雖疏食菜羹瓜祭，必齊如也。

譯文　即使粗米飯、菜羹，也在食前獻祭，一定莊莊重重，恭恭敬敬。

評講　瓜，應該是「必」字之訛。

10.12

席不正不坐。

譯文　坐席不端正，不坐。

10.13

鄉人飲酒，杖者出，斯出矣。

譯文　與鄉里的人飲酒，等老人家離開了，自己才出去。

10.14

鄉人儺，朝服而立於阼階。

譯文　當地老鄉迎神趕鬼儀式（儺，音「挪」），（孔子）一定穿了整齊的上朝服裝，站在東面台階。

10.15

問人於他邦，再拜而送之。

譯文　（孔子）託人問候外國朋友（並且致送禮物），就一再拜揖、恭敬送行。

10.16

康子饋藥，拜而受之。曰：「丘未達，不敢嘗。」

譯文　（執政大夫季氏）康子贈送藥品，（孔子）說：「丘對這藥的性質未了解，不敢試服。」

10.17

廄焚。子退朝，曰：「傷人乎？」不問馬。

譯文　馬棚失火，孔子退朝回來，就問：「傷了人嗎？」不曾問到馬。（一說：「不」字一字斷句，先問人，知無恙乃問馬，詳見程樹德《集釋》）

評講　在「馬照跑」的地方，也不要忘記了「人」的價值。

10.18

君賜食，必正席先嘗之。君賜腥，必熟而薦之。君賜生，必畜之。

侍食於君，君祭，先飯。

譯文　國君賜以熟食，（孔子）必是擺正席位先嚐。國君賜以鮮肉，必先煮熟了，供奉祖先。國君賜以活物，一定畜養起來。陪君主進膳，君主先行祭禮時，孔子先吃飯（其他等待與君主同進）。

10.19

疾，君視之，東首，加朝服，拖紳。

譯文　（孔子）病了，國君來探問，（孔子）頭向東（病中不能穿衣束帶，更不能褻服相見，所以）加上朝衣服於身，又拖上大帶。（以示敬重。）

10.20

君命召，不俟駕行矣。

譯文　國君有事召喚，（孔子）不等待車駕馬匹，立即起行。

10.21

入太廟，每事問。

評講　本章重出，前見《八佾》〔3.15〕。

10.22

朋友死，無所歸，曰：「於我殯。」

譯文　朋友去世，沒人收斂，（孔子）說：「讓我在這裏辦喪事。」

10.23

朋友之饋，雖車馬，非祭肉，不拜。

譯文　朋友的贈送，即使是車馬，如果並非祭祀的肉，（孔子）不行拜禮致謝。

10.24

寢不尸，居不客。

譯文　（孔子）睡覺，不仰臥；坐着，不用接待客人或者作為客人的、跪雙膝於席上的姿勢。

10.25

見齊衰者，雖狎，必變。見冕者與瞽者，雖褻，必以貌。凶服者式之。式負版者。有盛饌，必變色而作。迅雷風烈必變。

譯文　（孔子）見到穿孝衣的人，即使熟絡，自己的臉容也變得莊重、肅穆。見到戴冠冕的和失明的人，即使親密，也變得周到。（坐在車上而）遇到送殯的人，（孔子就）身體前傾、扶着軾木，注目表示問候、關懷。遇到背負着政府大文件的人，也是同樣姿態。隆重的筵宴，一定起立、改容，表示感謝盛情。突然的天雷大風，也必容色改變，表示敬畏蒼天。

10.26

升車，必正立，執綏。

車中，不內顧，不疾言，不親指。

譯文　（孔子）上車，一定端正站立，執緊挽繩。在車裏，不回頭看望，不講急話，不動手指點。

評講　總之，不疏忽自己安全，不擾亂人家視聽。

色斯舉矣，翔而後集。曰：「山梁雌雉，時哉時哉！」子路共之，三嗅而作。

譯文　（此章恐有脫誤，素難確解。大概是：）

孔子與徒眾郊遊，遇到突然驚飛的野雉，盤旋幾下又集在一起。孔子讚歎：「山脊上的野母雞啊！機靈活潑啊！」子路向牠們幾次做做手勢，牠們一振翅翼，又飛去了！

（「嗅」字或謂當作「狊」，鳥張兩翅也。見《爾雅．釋獸》）

先進 第十一

子曰：「先進於禮樂，野人也；後進於禮樂，君子也。如用之，則吾從先進。」

譯文　孔子說：「先進修於禮樂（然後謀求進身仕途的早期弟子，本來多數）是村野的平民啊，（先有了爵祿地位）後來才進修禮樂的，是貴族子弟啊，如果要任用，我就選先進者了。」

評講　物以類聚、人以群分，孔門弟子既然日眾，區別分類，實在自然之事。本章所謂「先進」「後進」以何而分？「用之」——是孔子用人，還是人用孔子？原文太簡略了，又慣常地不交代講話的時空環境，所以也是異解紛紜。有些不免糾纏迂曲，附會牽強。本篇記的多是孔門弟子言行，孔子自己少年貧賤，教學為生，早期來從者多是出身相似，謀求進入仕途的有志青年。後來孔子德望日著，漸多世祿子弟被遣來學，可說前者是「學而優則仕」，後者是「仕而優則學」〔19.13〕。《左傳·

襄公三十一年》記子產論尹何為邑：「吾聞學而後入政，未聞以政學者也。」為了政治的品質，為了國家的生存，這是一種時代的覺醒。孔子去魯至衛之前，和自衛返魯之後，兩大時期，或者就是「先進」「後進」之別了。

11.2

子曰：「從我於陳、蔡者，皆不及門也。」

譯文 孔子說：「（當日）跟從我在陳（絕糧，在）蔡（受困）的好學生，現時都不在身邊了！」

評講 漢鄭玄《注》謂弟子「不及仕進之門而失其所」，以下分「德行」等四科十哲為另章。宋朱熹《集注》則以「及門」為「在（此時教習之）門」，又引程子曰「四科乃從夫子於陳蔡者爾，門人之賢者固不止此——曾子傳道而不與焉。故知『十哲』世俗論也。」故合為一章，清劉寶楠《正義》則仍主鄭說，並引孟子（《盡心下》）「君子之厄於陳蔡之間，無上下之交也」——當時未有弟子仕陳蔡，故有此厄。

11.3

德行：顏淵、閔子騫、冉伯牛、仲弓

言語：宰我、子貢
政事：冉有、季路
文學：子游、子夏

評講

耶穌基督有十二使徒，釋迦牟尼有十大弟子，這裏是孔子的「四科十哲」〔7.25〕。孔子平時提及弟子都用本名，此處用別字，大抵是一時之所論列，而編《論語》者記之，與《史記．仲尼弟子傳》所列相同，並非孔子自己之語。

姓名	別字	來自	年少於孔子
顏回	子淵	魯	三十歲
閔損	子騫	魯	十五歲
冉耕	伯牛	魯	年無考
冉雍	仲弓	魯	二十九歲
宰予	子我	魯	年無考
端木賜	子貢	衛	三十一歲
冉求	子有	魯	二十九歲

仲由	子路	魯	九歲
言偃	子游	吳	四十五歲
卜商	子夏	衛	四十四歲

11.4

子曰：「回也非助我者也，於吾言無所不說。」

譯文 孔子說：「（顏）回啊，不是幫助我的啊！對我的話，都欣然接受。」

評講 王守仁（陽明）《傳習錄・錢德洪序》：

「問：孔子曰：『回也非助我者也。』是聖人果以相助望門弟子否？先生曰：『亦是實話。此道本無窮盡，問難愈多，則精微愈顯。聖人之言本自周遍，但有問難的人胸中窒礙，聖人被他一難，發揮得愈加精神。若顏子聞一知十，胸中了然，如何得問難：故聖人亦寂然不動，無所發揮，故曰非助。』」

11.5

子曰：「孝哉閔子騫！人不間於其父母昆弟之言。」

譯文　孔子說：「真是一位孝子啊，閔子騫！人們對他父母兄弟（愛敬他）的話，都沒有不同意。」

評講　《藝文類聚·卷二十·孝部》（上海中華1965年版，頁369）引《說苑》云：「閔子騫兄弟二人，母死，其父更娶，復有二子。子騫為其父御車，失轡，父持其手，衣甚單。父則歸呼其後母兒，持其手，衣甚厚溫，即謂其婦曰：『吾所以娶汝，乃為吾子，今汝欺我，去無留！』子騫曰：『母在一子單，母去四子寒。』其父默然。故曰：『孝哉閔子騫！一言其母還，再言三子溫！……』」《韓詩外傳》載此事云：「母悔改之後，至均平，遂成慈母。」

11.6

南容三復白圭，孔子以其兄之子妻之。

譯文　南容天天好幾次誦唸那「白圭」詩句，孔子把哥哥的女兒嫁給他。

評講　南容把（《詩·大雅·抑》）那幾句：「白圭之玷，尚可磨也（白玉圭的瑕疵，還可以磨去）；斯言之玷，不可為也（話說得有瑕疵，一講就收不回了）！」一再誦唸，實在是非常謹言慎行的人，所以

「邦有道，不廢；邦無道，免於刑戮」（《公冶長》〔5.2〕），於是孔子放心，叔代父責地把姪女付託終身給他。

11.7

季康子問：「弟子孰為好學？」孔子對曰：「有顏回者好學，不幸短命死矣，今也則亡。」

譯文 季康子問（孔子）：「弟子之中誰最喜愛學問？」孔子答道：「有位顏回，真是好學，不幸短命去世了！現在就沒有了。」

評講 《雍也》〔6.3〕所載，魯哀公與孔子曾有類似問答，而孔子所說稍詳，有人解釋是「臣之告解，不可不盡」——其實也可能是記錄、成書時的其他因素，難以（也不必）一一深究。

所謂「好學」，所謂「則亡（無）」，也是比較而言。能進孔門，得列高足，特別是子貢、曾參、游、夏……等諸賢，誰不「好學」？只是顏回深思、早慧，志性深契，所以孔子傷惜懷念特深。

11.8

顏淵死，顏路請子之車以為之椁。子曰：「才不才，亦各言其子也。鯉也死，有棺而無椁。吾不徒行以為之椁。以吾從大夫之後，不可徒行也。」

譯文 顏淵死了，他父親顏路（太窮）要求孔子以車做外椁，孔子說：「有才也好，無才也好，都是自己兒子啊，我兒孔鯉死，也是有內棺而無外椁，我不能徒步行走來為他買椁，因為我曾經追隨前輩之後做過大夫，依照禮制不能徒步而行（所以不能沒有車）啊！」

評講 前人多本「賣車買椁」之說。亦有疵怪孔子愛重顏淵之甚，而竟不允其父之要求者。孔子素重遵禮守份，如其後《中庸》所謂「素貧賤，行乎貧賤」，典當變賣（以至租借）以充排場顏面，所不宜為，所以鯉死亦有棺無椁。孔子病重之時，子路使門人為臣，其後亦為孔子痛斥。〔9.12〕

或解：不是「賣車」，是「借車」。

11.9

顏淵死，子曰：「噫！天喪予！天喪予！」

譯文　顏淵病死，孔子說：「唉，天殺我！天殺我！」

評講　孔子當時的哀哭傷心，千古如見。

11.10

顏淵死，子哭之慟。從者曰：「子慟矣！」曰：「有慟乎？非夫人之為慟而誰為？」

譯文　顏淵去世，孔子哭得極為傷心。跟隨着的人說：「老師悲痛得太過了！」孔子說：「有這個感覺嗎？我不為這個人悲痛，還為誰悲痛呢？」

11.11

顏淵死，門人欲厚葬之，子曰：「不可。」門人厚葬之。子曰：「回也，視予猶父也，予不得視猶子也。——非我也，夫二三子也。」

譯文　顏淵死了，門人想豐厚地埋葬他，孔子說：「不可以。」門人結果還是厚葬了他，孔子說：「顏回啊！生前看我是父親一樣啊！現在我卻不能當他兒子一樣啊！——不是我想這樣啊！是那班同學啊！」

評講 後世墨家反對儒者厚葬，其實孔子守禮，認為喪葬應該符合家境身份，並非一味講排場，務豐厚。顏淵生前最與孔子契合，當亦如此，孔子自己喪子，亦薄葬有棺而無槨，但此次門人不從，孔子也沒有辦法。

11.12

季路問事鬼神。子曰：「未能事人，焉能事鬼？」曰：「敢問死？」曰：「未知生，焉知死？」

譯文 子路問事奉鬼神（的原則、方法），孔子說：「還沒能夠事奉活人怎能事奉鬼神？」子路說：「我放膽請問，怎樣對待死亡問題呢？」孔子說：「生的道理還不懂得，又怎了解死呢？」

評講 這是孔門極有名的問答，可見儒家現實的人生態度和淡薄的宗教興趣。《雍也》篇〔6.22〕孔子答樊遲問知，說要「務民之義，敬鬼神而遠之」，敬而遠之，可見「親之信之」的程度有限，不過宗教情感比較濃厚的人，自然不能滿足。人們不免把孔子的話倒過來想：「未知死，焉知生？」靈魂身後的疑問不能解決，生命的意義也無法安頓，所以釋道大行於傳統社會，現代科學發達，基督、伊斯蘭、佛等世界宗教仍然揚播。

11.13

閔子侍側，誾誾如也；子路，行行如也；冉有、子貢，侃侃如也。子樂。「若由也，不得其死然。」

譯文　閔子騫隨侍在（孔子）旁邊，一派溫和莊重；子路，剛強勇猛的樣子；冉有、子貢顯得自信從容。孔子（看着這幾個好學生）很高興。（不過又擔心說：）「像仲由那個樣子，恐怕會不能好好壽終了！」

評講　誾，音「銀」。行，去聲。侃，音「罕」。或說：「樂」當作「曰」字，子路平素好勇，孔子時時告誡，後卒死於衛蒯聵之亂。

東漢崔瑗《座右銘》：「行行鄙夫志，悠悠故難量。」

11.14

魯人為長府。閔子騫曰：「仍舊貫，如之何？何必改作？」子曰：「夫人不言，

言必有中。」

譯文　魯國政務人員要修建財物兵器機要府庫大樓。閔子騫說：「照舊營運管理吧，怎麼樣？何必勞煩紛擾、大興土木？」孔子說：「這人不講話，一講，定必中肯！」

評講　長府是昭公二十五年（公元前 517）九月十一日攻打季氏前魯君所居。孟、叔孫氏共助季氏，十一月十三日，昭公逃亡至齊。三十二年（前 510）十二月十四日，死，定公嗣位。此數年間時世背景如此，所以，「魯人為長府」，或解昭公欲謀伐季氏而準備，閔子騫婉曲勸其不可妄動；或解為昭公敗逃，魯人毀其防禦；或解擴充改建，耑藏財貨；或解只壯觀瞻，冀忘舊事。總之記者婉曲以「魯人」為主詞，孔子之評，亦含蓄隱約。

11.15

子曰：「由之瑟奚為於丘之門？」門人不敬子路。子曰：「由也升堂矣，未入於室也。」

譯文　孔子說：「（仲）由的瑟聲，何以響起在我的門戶這裏呢？」門人因此不敬子路。孔子

（因此補充）說：「（仲）由嘛，已經走進廳堂（——有一定深度）了，只是還未入到室裏罷了！」

評講 朱熹《集注》引程子說：「言其聲之不和與己不同也。」又《孔子家語・辨樂解》：「子路鼓瑟，有北鄙殺伐之聲。」

11.16

子貢問：「師與商也孰賢？」子曰：「師也過，商也不及。」曰：「然則師愈與？」子曰：「過猶不及。」

譯文 子貢問（孔子）：「師（子張）和商（子夏）誰更優秀？」孔子說：「師是過了頭，商是未達到。」

（子貢）說：「那麼，師是好一點了？」

孔子說：「『過了頭』猶如『未達到』。（都不是中庸之道。）」

評講 朱熹《集注》：「子張才高意廣而好為苟難，故常過中；子夏篤信謹守而規模狹隘，故常不及。」

‖11.17

季氏富於周公。而求也為之聚斂，而附益之。子曰：「非吾徒也！小子鳴鼓而攻之，可也。」

譯文　季氏（作為魯國的卿），比周公（作為周朝的宰輔）還富有，而冉求啊，竟替他聚斂搜刮，增加更多的財富，孔子說：「（這樣的人）不是我的門徒啊！年輕同學們，可以擂起戰鼓來聲討攻擊他！」

評講　冉有（名「求」）是行政與軍事幹才，隨孔子適衛，聞「庶、富、教」之訓〔13.9〕歸魯，佐季氏，在哀公十一年（公元前484）郎之戰中，大敗入侵之齊軍，更得倚重。對季氏越禮、聚斂、黷武之舉，不加阻止反而助長〔3.6、16.1〕。本章所記，可說是師生矛盾最嚴重的一次顯現。

‖11.18

柴也愚，參也魯，師也辟，由也喭。

譯文　高柴愚鈍，曾參粗樸，顓孫師偏激固執，仲由粗豪魯莽。

評講　高足弟子，各有弱點，孔子也都因材施教。喭，音「彥」。（參看〔13.27〕）

11.19

子曰：「回也其庶乎？屢空。賜不受命，而貨殖焉；億則屢中。」

譯文　孔子說：「顏回啊，學問真差不多了，不過常常貧窮得一無所有。端木賜不肯安於命運，勇敢地去投資，市場的走向，他又竟都常常估計準確！」

評講　「受命」從來也多歧義，除「聽教」「受委為官」兩解不合事實外，「接受天命限制」與「接受官命經商」都可以說得通。

11.20

子張問善人之道。子曰：「不踐跡，亦不入於室。」

譯文　子張問改善人品質的途徑。孔子說：「不踏着前人足跡，也就入不了房室。」

評講　這與「路是人走出來的」壯語，是否大異其趣呢？

原文可否另解另譯——譬如：

子張問善人所信守的道是甚麼？

孔子說：「既不因循、死守已有的腳印，也不困守、拘囿在固定的框框。」

11.21

子曰：「論篤是與，君子者乎？色莊者乎？」

譯文　孔子說：「一味贊同『老老實實』的主張，這種作風是真正君子呢？還是裝扮成這樣的呢？」

評講　儒學肯定善性仁心，不過對狼披羊皮，也並非全無警覺。痛苦經驗太多的，就或者難免漸多同意基督教《聖經．耶利米書》（17.9）所說：「人心比萬物都詭詐，壞到極處，誰能識透呢？」

11.22

子路問：「聞斯行諸？」子曰：「有父兄在，如之何其聞斯行之？」冉有問：「聞斯行諸？」子曰：「聞斯行之。」公西華曰：「由也問：『聞斯行諸？』子曰：『有父兄在。』求也問：『聞斯行諸？』子曰：『聞斯行之。』赤也惑。敢問。」子曰：「求也退，故進之；由也兼人，故退之。」

譯文　子路問：「聽到道理，這就去實行它嗎？」孔子說：「還有父兄在世（應該跟着他們），怎可以一聽到便去實行？」

冉有提同一問題，孔子卻說：「聽到，這就去做吧。」公西華覺得奇怪：「為甚麼同問而異答呢？我公西赤迷惑，想不通。」他問孔子，孔子說：「冉求是謙退的，所以促進他；仲由勇氣、擔當都倍於他人，所以要抑制他一下。」

評講　此亦所謂「因材施教」。

‖11.23

子畏於匡。顏淵後。子曰：「吾以女為死矣。」曰：「子在。回何敢死！」

譯文　孔子在匡，人們誤以他為陽虎，加以攻擊，於是遇險受驚。逃難時，顏淵墜後，後來才趕上歸隊。孔子說：「我以為你死了呢！」顏淵說：「老師健在，顏回怎敢先死？」

評講　「女」即「汝」字。

‖11.24

季子然問：「仲由、冉求可謂大臣與？」子曰：「吾以子為異之問，曾由與求之問。所謂大臣者，以道事君，不可則止。今由與求也，可謂具臣矣。」曰：「然則從之者與？」子曰：「弒父與君，亦不從也。」

譯文

季子然（孫氏）問孔子：「仲由、冉求可以稱得上『大臣』嗎？」

孔子說：「我以為你問別的甚麼人，原來是問仲由和冉求呢！所謂『大臣』，應該以（治國的）正道事奉君主，做不到，就不幹。現在仲由、冉求兩個嘛，只可以說是湊足數目的臣子而已！」

（季子然繼續問）說：「然則他們是服從、聽話的部下，是嗎？」

孔子說：「弑害父親與君上這類事，他們也不會跟從吧！」

子路使子羔為費宰。子曰：「賊夫人之子！」子路曰：「有民人焉，有社稷焉，何必讀書，然後為學？」子曰：「是故惡夫佞者！」

譯文

子路任命（年輕二十一年的高柴）子羔做費邑的行政長官，孔子說：「（他學問還未成熟，你這個任命是）害了別人的兒子！」子路說：「既有民眾，又有土地和農業設施（生活實務也是學習），何必一定要讀書，才算做學問？」

孔子說：「所以巧言強辯的人真討厭！」

評講

「夫」陽平聲，指示代詞。《左傳》「子產論尹何為邑」的故事，可以參看。

子路、曾皙、冉有、公西華侍坐。子曰：「以吾一日長乎爾，毋吾以也。居則曰：『不吾知也』；如或知爾，則何以哉？」子路率爾而對，曰：「千乘之國，攝乎大國之間，加之以師旅，因之以饑饉；由也為之，比及三年，可使有勇，且知方也。」夫子哂之。「求，爾何如？」對曰：「方六七十，如五六十；求也為之，比及三年，可使足民。如其禮、樂，以俟君子。」「赤，爾何如？」對曰：「非曰能之，願學焉；宗廟之事，如會同，端章甫，願為小相焉。」「點，爾何如？」鼓瑟希，鏗爾，舍瑟而作，對曰：「異乎三子者之撰。」子曰：「何傷乎？亦各言其志也。」曰：「暮春者，春服既成，冠者五六人，童子六七人，浴乎沂，風乎舞雩，詠而歸。」夫子喟然歎曰：「吾與點也！」三子者出，曾皙後。曾皙曰：「夫三子者之言何如？」子曰：「亦各言其志也已矣。」曰：「夫子何哂由也？」曰：「為國以禮，其言不讓，是故哂之。」「唯求則非邦也與？」「安見方六七十，如五六十，而非邦也者？」「唯赤則非邦也與？」「宗廟會同，非諸侯如之何？赤也為之小，孰能為之大？」

譯文　本章在《論語》中最長，超過其他甚多，分為六段，原文與翻譯逐句並列對照，以便觀覽。

（一）

子路、曾皙、冉有、公西華侍坐。

子曰：

「以吾一日長乎爾，

毋吾以也。

居則曰：

『不吾知也』；

如或知爾，

則何以哉？」

子路（仲由）、曾皙（曾參的父親曾點）、冉有（冉求）、公西華（公西赤）陪孔子坐着。

孔子說：

「因為我比你們年紀都稍大了一點，

但是大家不要因此而停口不講。

平時，（大家）常說：

『沒有人了解我啊！』；

如果有人了解你了，

那你們又怎辦呢？」

（二）

子路率爾而對，曰：

「千乘之國，

攝乎大國之間，

加之以師旅，

因之以饑饉；

（年最長的）子路，立即就領先回答說：

「（一個）千輛兵車的國家，

夾在幾個大國之間，

外面的軍隊壓迫着，

裏面又有饑荒；

由也為之，
比及三年，
可使有勇，
且知方也。」
夫子哂之。

（三）

「求，爾何如？」
對曰：
「方六七十，
如五六十；
求也為之，
比及三年，
可使足民。
如其禮、樂，
以俟君子。」

如果讓我仲由來治理，
差不多到三年吧，
便可使人人奮鬥，
並且明白努力的方向。」
——老師就向他微微笑了一笑。

孔子問冉有：）「求，你怎麼樣？」
（他）答道：
「（面積）縱橫六七十里，
或是五六十里（的國家），
讓我冉求去治理，
差不多三年吧，
可以使民眾富足。
至於教育文化的工作，
就等待高明的領導人了。」

（四）

「赤，爾何如？」

對曰：

「非曰能之，

願學焉；

宗廟之事，

如會同，

端章甫，

願為小相焉。」

（五）

「點，爾何如？」

鼓瑟希，

鏗爾，

舍瑟而作，

對曰：

「異乎三子者之撰。」

（孔子問公西赤：）「赤，你又怎樣？」

（他）答道：

「（我）不是說自己有能力，

（只是）願意學習學習罷了。

祭祀一類事情，

或是諸侯朝見天子啦、互相聘問結盟啦等等，

（我願意）穿着禮服，戴着禮帽，

做個小小司儀吧。」

（孔子問曾皙：）「點，你又怎樣呢？」

（曾皙）彈瑟的聲音於是慢了下來，

（跟着，）「鏗」的一聲，

（他）放下樂器，站起來，

答道：

「不同於他們三位的講法。」

子曰：
「何傷乎？
亦各言其志也。」
曰：
「暮春者，
春服既成，
冠者五六人，
童子六七人，
浴乎沂，
風乎舞雩，
詠而歸。」
夫子喟然歎曰：
「吾與點也！」
（六）
三子者出，
曾皙後。

孔子說：
「有甚麼要緊呢？
也是各人講講自己的志向罷了。」
（曾皙）說：
「三月了，（暖定了，）
大家都穿定了春天的衣服，
成年人五六位，
少年人六七位，
（大家一同）到沂水洗洗澡，
在旁邊的求雨台上吹吹風，
回來的時候，一路上唱着歌。」
老師歎口氣說：
「我最贊成曾點啊！」
這三位同學出去了，
曾皙留在後面。

曾皙曰：
「夫三子者之言何如？」
子曰：
「亦各言其志也已矣。」
曰：
「夫子何哂由也？」
曰：
「為國以禮，
其言不讓，
是故哂之。」
「唯求則非邦也與？」
「安見方六七十，
如五六十，
而非邦也者？」
「唯赤則非邦也與？」
「宗廟會同，

（請問老師）說：
「那三位同學的話怎樣呢？」
孔子說：
「也不過是各人講自己的志願罷了。」
（曾皙繼續追問，）說：
「老師為甚麼笑笑仲由呢？」
（孔子）說：
「（政治是妥協的藝術，）治國是講究禮讓的，
他的話不夠謙虛，
所以（我）便笑笑他了。」
（他再問：）「難道冉求所說的不是國家嗎？」
（孔子說：）「（當然是。）怎見得縱橫六七十里，
或者五六十里（的地方），
就不是國家呢？」
（他又問：）「那麼，公西赤所說的不是國家嗎？」
（老師解釋說：）「有宗廟、有國際盟會，

非諸侯如之何？　不是諸侯國家是甚麼？
赤也為之小，　公西赤啊，說自己做小司儀，
孰能為之大？」　（那還有）誰能做大領導呢？」

評講

本文一般簡稱為《侍坐章》。當日孔子與上述弟子共敘，鼓勵自由發言，講自己的志向，然後分別加以評論。由各人的對話與神態舉止，表現了孔門師生的教育方式、政治抱負和文化理想。在《論語》之中，是最富文學意趣的章節之一。

孔子說：「性，相近也；習，相遠也」。孔子以六藝為共同教材，以培養政治人才為共同目的，在教育原則方面，卻注重「因材施教」，不斷鼓勵弟子「各言其志」。人的天性是接近的；是後天的習染，擴大了人的差異。不過，「相近」並不就是「相同」，「人心不同」，稟賦氣質的殊異，再加上成長環境的分別，於是「人各有志」就是必然的事實了。

同是以「淑世」為志，那表現方式是很有不同的。只少孔子九歲，好勇、自信的子路，率先發表他滿有擔當的抱負，對他知之既久且深的孔子於是「哂之」——不是嘲笑、不是沒有嘉許，只是還帶有一些惋惜、一些顧慮，又有許多寬容的會心微笑。年紀比子路差了一大截，以政事著名的冉有，謙退多了。一開口規模不大，只是「方六七十」，立即又改口為「五六十」，並且三年之功，只是「足民」，

進一步、高一層的禮樂教化，就「以俟君子」。少年英發，長於禮儀的公西華就更謹慎婉轉了。「非曰能之，願學焉」；「願為小相」——當然，孔子對此高足之「非池中物」，是心內有數的。最後曾皙的態度和境界寫得最精彩。前述三人或者富國強兵、或者足食知禮，都是在朝得位的政治事功，惟有曾皙舒緩的、雍容的回答，是禮樂之治行之有年、在野在朝都可以優閑共享的太平氣象。這個精神舒暢的化境，使孔子也不禁歡喜讚歎：「吾與點也！」

當然，孔子並沒有統一口徑。對不同弟子的不同志向，孔子還是分別嘉許。孔子的話不多，或微哂、或默許、或喟歎，而始終鼓勵。通過《論語》精煉的、生動細緻的描寫，

這一幅溫馨感人的《師生閑話圖》便告訴了二千多年來的讀者，甚麼是「潤物細無聲」的「春風化雨」。

顏淵 第十二

12.1

顏淵問仁。子曰：「克己復禮為仁。一日克己復禮，天下歸仁焉。為仁由己，而由人乎哉？」顏淵曰：「請問其目。」子曰：「非禮勿視，非禮勿聽，非禮勿言，非禮勿動。」顏淵曰：「回雖不敏，請事斯語矣。」

譯文　顏淵問「仁」的道理，孔子說：「仁的總原則，就是約束自己，回到禮（即是「理」）的上面，（領袖人物）有一天真真正正做到『克己復禮』，天下都稱許和歸依他的仁德了，實踐仁德，靠的是自己，難道靠別人嗎？」顏淵說：「請問實踐的要點。」孔子說：「不合禮的不要看，不合禮的不要聽，不合禮的不言說，不合禮的不要做。」顏淵說：「我顏回雖然不聰明，就請照着這些話做了。」

評講　「為仁由己」，儒學基本在於「自力」，與仰仗「他力」者大異。

12.2

仲弓問仁。子曰：「出門如見大賓，使民如承大祭。己所不欲，勿施於人。在邦無怨，在家無怨。」仲弓曰：「雍雖不敏，請事斯語矣。」

譯文 仲弓問「仁」的道理，孔子說：「出了家門（一切恭敬），好像會見貴賓，役使民眾（一切謹慎），好像承當祭祀大典。自己不想的，不要加之於他人身上，在政府，沒有怨恨；在家族，沒有怨恨。」仲弓說：「我仲雍雖然不聰明，這些話要奉行了！」

評講 不可推衍為「己所甚欲，亦施於人」——如此正是擾民生事甚至以蒼生為芻狗。不必奢言勵治之功，能「己所不欲，勿施於人」，便沒有（起碼減少）他人的怨恨和自己的悔恨，已立仁政之本。孔子稱仲弓（冉雍）「可使南面」（《雍也》篇〔6.1〕），有人君之才而在孔門最高的「德行」一科，所以孔子教之如此。勉子貢語，亦後相類〔5.12、15.24〕。《聖經》耶穌「愛人如己」之訓（《太》22.37-40，《可》12.30-31，《路》10.27）則溯源於「愛神」，於以得力，這便是兩教同而又異之處。

12.3

司馬牛問仁。子曰：「仁者其言也訒。」曰：「其言也訒，斯謂之仁已乎？」子曰：「為之難，言之得無訒乎？」

譯文　司馬牛問仁德之道，孔子說：「仁德的人，說話謹慎，好像為難的樣子。」司馬牛說：「講話結結巴巴，就算是仁了嗎？」孔子說：「做起來困難，講起來能不加倍謹慎嗎？」

評講　孔門雖有「言語」一科，雖稱宰我、子貢之善為說辭，卻也時時針砭「巧言亂德」〔15.27〕而稱賞「訥於言而敏於行」〔4.24〕。

12.4

司馬牛問君子。子曰：「君子不憂不懼。」曰：「不憂不懼，斯謂之君子已乎？」子曰：「內省不疚，夫何憂何懼？」

譯文　司馬牛問君子之道。孔子說：「君子不憂慮，不恐懼。」司馬牛說：「不憂慮，不恐懼，這就是君子了嗎？」孔子說：「自己反省，沒有內疚，那有甚麼憂慮？有甚麼恐懼？」

評講　司馬牛多言而躁（反應急，說話多），《論語》記載得栩栩欲活。

12.5

司馬牛憂曰：「人皆有兄弟，我獨亡！」子夏曰：「商聞之矣。死生有命，富貴在天。君子敬而無失，與人恭而有禮；四海之內，皆兄弟也。君子何患乎無兄弟也。」

譯文 司馬牛憂愁地說：「他人都有兄弟，單獨我沒有！」子夏安慰他說：「我卜商聽老師說過了：死生，是有命運的；富貴，是天的安排。君子（要盡其在我，就是：）敬虔謹慎，避免過失，待人接物，謙恭有禮；（這樣，不管走到哪裏，）四海之內，都可以交到兄弟一般親愛的好朋友。君子何必擔心沒有兄弟呢？」

評講 子夏宣達孔子的名言，安慰、鼓勵了天下後世無數生而孤獨者。又如樊遲問仁，孔子所答「居處恭，執事敬，與人忠」〔13.9〕，這處世原則，東海西洋、中華夷狄，一概適用。

舊說宋國謀反者桓魋敗亡，諸弟皆散，司馬牛即其一，楊伯峻《論語譯注》認為是同名異人。

12.6

子張問明。子曰：「浸潤之譖，膚受之愬，不行焉，可謂明也已矣。浸潤之譖，膚受之愬，不行焉，可謂遠也已矣。」

譯文 子張問甚麼是「明」——觀察得清、瞭望得遠？

孔子說：「點點滴滴積聚滲透的毀謗，身受但是淺薄的訴苦，完全不起作用，可說是觀察得清了。點點滴滴積聚滲透的毀謗，身受但是淺薄的訴苦，完全不起作用，可說是瞭望得遠了！」

12.7

子貢問政。子曰：「足食、足兵、民信之矣。」子貢曰：「必不得已而去，於斯三者何先？」曰：「去兵。」曰：「必不得已而去，於斯二者何先？」曰：「去食——自古皆有死，民無信不立。」

譯文 子貢請問政治的道理，孔子提出三大綱領：糧食充足、軍備充足、民眾對政府的信心充足。

子貢說：「（如果）一定迫不得已要放棄，這三項中，哪個最先？」

孔子說：「放棄軍備。」

子貢（再追問）說：「兩項中，再迫不得已要放棄一個，哪個為先？」

孔子說：「放棄糧食——（沒有糧，當然餓死；不過，）自古以來，誰不死呢？沒有了（人民與政府相互的）信心，（民眾就不能凝聚，）國家就站不起來了。」

評講 除了揭示高深的政治智慧，更可見好學生的善於追問，好老師的善於誘導、啟發。

12.8

棘子成曰：「君子質而已矣，何以文為？」子貢曰：「惜乎，夫子之說君子也！駟不及舌。文猶質也，質猶文也。虎豹之鞹猶犬羊之鞹。」

譯文 棘子成說：「君子本質好就夠了，何必要文采呢？」子貢說：「可惜啊！你這樣論說君子！四頭馬齊奔，都追不回舌頭講錯的話呢！不同的文采，表現了不同的本質；不同的本質，形成了不同的文采。如果離開了毛的形狀、顏色，那麼，虎豹和犬羊的軀殼外表，就更差不多了！」

評講 《文心雕龍‧情采》：「虎豹無文，則鞹同犬羊；犀兕有皮，而色資丹漆，質待文也。」其理同此。

12.9

哀公問於有若曰：「年饑，用不足，如之何？」

有若對曰：「盍徹乎？」

曰：「二，吾猶不足，如之何其徹也？」

對曰：「百姓足，君孰與不足？百姓不足，君孰與足？」

譯文

魯哀公問有若說：「荒年收成不好，怎辦？」

有若答道：「何不實行十分抽一收稅呢？」

（哀公）說：「十分抽二，我還不夠，怎能十分抽一呢？」

（有若）答道：「如果百姓富足，主上怎會供應不夠呢？如果百姓貧乏，主上又怎有足夠供應呢？」

評講

如果不貴民尊民，如果民權民生沒有足夠保障，居高位掌大權者的勢力與貪念沒有牽制與均衡，甚麼良政善治、民安國泰，都無從談起。

12.10

子張問崇德辨惑。子曰：「主忠信，徙義，崇德也。愛之欲其生，惡之欲其死。既欲其生，又欲其死，是惑也。『誠不以富，亦祇以異。』」

譯文

子張問「崇尚品德」「辨識疑惑」的原則和方法。

孔子說：「以忠誠、信實為宗旨，一切歸向公義，就是崇尚品德了。（講到「辨識疑惑」，人最容易感情用事，蒙蔽了理智，所以，）喜愛一個人，就想他活生生而快樂；憎恨一個人，就想他死翹翹而痛苦。又想人生，又想人死，（都是無益甚至有害，都是胡思亂想，）這就是糊塗了，（正如《詩經・小雅・我行其野》結尾那句：）『實在不能對自己增加甚麼效益，只是讓人覺得怪怪異異！』」

評講 諸子引《詩》，往往「斷章取義」（任意截取詩篇某一兩句，用它孤立的字面意思），不必是原作之意，此處亦是一例，前人多稱難解，或以為是「錯簡」（原本刊寫的竹簡錯亂了）。

12.11

齊景公問政於孔子。孔子對曰：「君君、臣臣，父父、子子。」公曰：「善哉！信如君不君，臣不臣；父不父，子不子；雖有粟，吾得而食諸？」

譯文 齊景公請問孔子政治的道理。孔子說：「領袖要像個領袖，幹部要像個幹部，父親要像個父親，兒子要像個兒子。」景公說：「對呀！如果真的君不像君，臣不像臣，父不像父，子不像子，就算糧食充足，我能（安安穩穩地）食到嗎？」

評講 這就是孔子先務「正名」定份的道理。大家都自覺地認識本身的社會位置，行事為人恰如其份，一切就和平有序了。

「諸」，「之歟」二音之合。

12.12

子曰：「片言可以折獄者，其由也與？」子路無宿諾。

譯文　孔子說：「半句話，就可以明快公正地判決案件，那就是仲由了。」子路有所許諾，(一定盡快實踐，) 從不拖延。

評講　「宿」就是隔夜之意。

12.13

子曰：「聽訟，吾猶人也，必也使無訟乎！」

譯文　孔子說：「審理訴訟，我和別人一樣，一定要使到不必打官司最好！」

評講　「花落訟庭閑」，從根本上減少甚至消除了爭訟，即如費孝通在《鄉土中國》裏的比喻，「最理想的球賽，是裁判員形同虛設」，當然最好。不過，只要我們不高估人性，不過份樂觀，就知道要正視現實，要法治修明，訟不可免。當然：為了「無訟」而粉飾太平，固然虛偽；放任訟者如麻，因此而從中沽名獲利者又勇於挑撥，人類社會也就是鬥獸之場了。

12.14

子張問政。子曰：「居之無倦，行之以忠。」

譯文　子張請教政治道理。孔子說：「在職位上不疲倦（——任勞任怨），在行事上不欺騙（——盡心盡力）。」

12.15

子曰：「博學於文，約之以禮，亦可以弗畔矣夫！」

評講　此章重出，已見《雍也》〔6.27〕。

12.16

子曰：「君子成人之美，不成人之惡，小人反是。」

譯文　孔子說：「君子成就人家的好事，不助長人家的壞事，小人剛好相反。」

評講　所以，不要以為替人「兩肋插刀」，就是「義氣朋友」：要看所成者是惡是美，所助者是小人是君子。

12.17

季康子問政於孔子。孔子對曰：「政者，正也。子帥以正，孰敢不正？」

譯文　（魯國執政貴族）季康子問政治道理於孔子，孔子答他說：「『政』就是『正』；您，用正義、正當、端正、公正的原則去領導，誰敢不正呢？」

評講　以身作則，風行草偃。〔12.19、13.16〕

「帥」，音義同「率」。

12.18

季康子患盜，問於孔子。孔子對曰：「茍子之不欲，雖賞之不竊。」

譯文　季康子苦於盜賊消滅不了，請教孔子。孔子答道：「如果您自己不要那些財物，就算獎賞，也不會有人偷竊。」

評講　歷史上許多當權者，特別是帝王，自己就是最大最貪的盜賊。《莊子．胠篋》篇，明清之間大儒黃宗羲（梨洲）《明夷待訪錄》首篇〈原君〉，都說得痛快激切。且看所謂「普天之下，莫非王土」，且看自稱「十全老人」的乾隆，在無數國寶級書卷上，亂蓋了多少圖章。

12.19

季康子問政於孔子，曰：「如殺無道，以就有道；何如？」孔子對曰：「子為政，焉用殺？子欲善，而民善矣。君子之德風，小人之德草；草上之風，必偃。」

譯文　季康子請問孔子政治的道理，說：「假如殺掉那些無道的壞人，使大家向好，怎樣？」孔子答他說：「您主持政治，何必要殺人呢？（作為領導人，）您（真的）要善良，民眾就善良了——領導者的德行作為好像風，老百姓的行為表現好像草，草上面風吹着，草就隨着（風的方向）倒了。」

評講　這就是以身作則，上行下效的道理〔12.17、13.16〕，儒家所以強調德治。

12.20

子張問：「士何如斯可謂之達矣？」子曰：「何哉，爾所謂達者？」子張對曰：「在邦必聞，在家必聞。」子曰：「是聞也，非達也。夫達也者，質直而好義，察言而觀色，慮以下人。在邦必達，在家必達。夫聞也者，色取仁而行違，居之不疑。在邦必聞，在家必聞。」

譯文　子張問：「士人怎樣可說是『達』呢？」孔子說：「你所謂『達』究竟是甚麼意思呢？」

子張答道：「在國邦裏，一定聞名；在家族裏，也一定聞名。」

孔子說：「這是『聞』，並不是『達』。所謂『達』，就是樸素、正直、喜歡公義。了解別人的言語，觀察別人的神態，謙卑待人，這樣，在國邦裏一定達，在家族裏也一定達。至於所謂『聞』嘛，外表選擇了仁德的表現，行為實際相反，（時間一久，漸漸連自己也）以為確是這回事了。在國邦裏一定聞名，在家族裏，也一定聞名。」

12.21

樊遲從遊於舞雩之下，曰：「敢問崇德、修慝、辨惑。」

子曰：「善哉問！先事後得，非崇德與？攻其惡，無攻人之惡，非修慝與？一朝之忿，忘其身以及其親，非惑與？」

譯文

樊遲跟着孔子在舞雩台下散步，問道：「想請問提高品德，消解怨恨，和清楚不幹迷糊事的種種方法。」孔子說：「問得好！凡事要勞而後獲，不敢僥倖，就是提高品德了。批判自己的過失，不攻擊別人的短處，就是消解怨恨了。一陣衝動憤怒，忘記了自己以至父母，不就是糊塗了嗎？」

評講 「雩」：音「于」，求雨的祭典；「舞雩」，祭台之名；「慝」，匿於心中之恨；「與」，同「歟」。〔12.10〕，子張亦問「崇德、辨惑」。

12.22

樊遲問仁。子曰：「愛人。」問知。子曰：「知人。」樊遲未達。子曰：「舉直錯諸枉，能使枉者直。」樊遲退，見子夏曰：「鄉也吾見於夫子而問知，子曰，『舉直錯諸枉，能使枉者直』，何謂也？」子夏曰：「富哉言乎！舜有天下，選於眾，舉皋陶，不仁者遠矣。湯有天下，選於眾，舉伊尹，不仁者遠矣。」

譯文 樊遲問甚麼是「仁德」，孔子說：「愛人」。問甚麼是「智慧」，孔子說：「了解人」。樊遲沒有明白，孔子再說：「選拔正直的人，放在邪僻者之間，能夠令邪僻者變為正直。」

樊遲離開，見到子夏，說：「剛才我見到老師，請問他甚麼是『智慧』。老師說：『選拔正直的人，放在邪僻者之間，能夠令邪僻者變為正直』——這是甚麼意思呢？」

子夏說：「這話道理太豐富了！虞舜領導天下，在眾人中選拔了皋陶，不仁的就遠遠離開了。商湯領導天下，在眾人中選拔了伊尹，不仁的也就遠遠離開了。」

12.23

子貢問友。子曰：「忠告而善道之，不可則止。無自辱焉。」

譯文　子貢問朋友之道。孔子說：「忠心勸告，並且好好表達、引導。不聽從，就停止，不要自取羞辱啊！」

評講　不讀《論語》，未聞正道，而只知表現「義氣」，自覺為朋友赴湯蹈火，「兩肋插刀」者，往往不只「自辱」，而且「共辱」。「告」，舊讀如「梏」。「不可」，古本作「否」。

12.24

曾子曰：「君子以文會友，以友輔仁。」

譯文　曾子說：「君子用學問文章來結交朋友，以朋友來幫助實踐仁德。」

子路 第十三

13.1

子路問政。子曰：「先之、勞之。」請益。曰：「無倦。」

譯文 子路問政治的道理。孔子說：「領導帶頭、慰勞鼓勵。」要求補充一下，孔子說：「不懈不怠。」

評講 對所有從政者，都是良言。

13.2

仲弓為季氏宰，問政。子曰：「先有司，赦小過，舉賢才。」曰：「焉知賢才而舉之？」子曰：「舉爾所知；爾所不知，人其舍諸？」

譯文

仲弓做季氏家族總管事，請教政務問題。孔子說：「先檢討培訓現有幹部，赦免小過失，提拔優秀人才。」

問：「怎知誰是優秀人才？」

孔子答：「提拔你所知道的；（到時，）你還未知道的，人家會放過不提嗎？」

13.3

子路曰：「衛君待子而為政，子將奚先？」子曰：「必也正名乎。」子路曰：「有是哉！子之迂也。奚其正？」子曰：「野哉！由也。君子於其所不知，蓋闕如也。名不正，則言不順；言不順，則事不成；事不成，則禮樂不興；禮樂不興，則刑罰不中；刑罰不中，則民無所措手足。故君子名之必可言也，言之必可行也；君子於其言，無所苟而已矣。」

譯文

子路（對孔子）說：「衛國君主等着老師去治理國家，老師首先會做甚麼？」孔子說：「一定是正名了。」子路說：「有這樣的事？老師講得太迂遠了吧？正名來幹甚麼？」孔子說：「你真鹵莽、衝動啊，仲由！君子對自己所不知道的，就閉嘴不說（不胡亂評論）了。（要知道：）名稱不正當，講起來就不順適；道理講得不順適，事情就不成功；事情不成功，禮樂文化就興辦不起；興辦不起禮樂，（秩序就亂，人情就不和，因而引起的）刑罰就失當；刑罰失當，民眾就（失去規範，）連手腳也不知怎樣安放了！所以君子用一個名號，一定可以講得順適；講得順適的，一定可以履行。所以，君子對自己的話，是一點也不苟且的。」

評講

當時衛君名輒，年未弱冠，是靈公之孫，蒯聵之子，蒯聵本為世子（君位繼承人），因恥庶母南子淫亂，欲殺之而未果，出奔，靈公欲改立南子幼子公子郢，郢推辭，靈公卒，衛人立輒為君，是為出公（孝公），並以兵拒回國奔喪、得晉支持之父蒯聵，時魯哀公二年（公元前493），孔子年約六十。

此後晉兩侵衛（魯哀公五年、七年），皆不得逞，父子爭位風波未息，其時孔子門人仕衛者不少，衛君有意邀孔子參政，故子路有此問，而訝歎孔子之迂遠不切實際。孔子則以為：君不君、臣不臣、父不父、子不子，正禍亂之由，如理份不清、名義不正，則一切無從談起。時哀公七年（公元前488），參看〔7.15〕。衛君後亦不能重用孔子，魯季康子派人而來請孔子回魯。

13.4

樊遲請學稼。子曰：「吾不如老農。」請學為圃。曰：「吾不如老圃。」樊遲

出。子曰：「小人哉！樊須也。上好禮，則民莫敢不敬；上好義，則民莫敢不服；上好信，則民莫敢不用情。夫如是，則四方之民，襁負其子而至矣；焉用稼？」

譯文　樊遲（名須）請求學種田，孔子說：「我不如老農夫。」又請學種菜，孔子說：「我不如老園丁。」樊遲出去，孔子說：「樊須真是志向太平凡了！在上者喜好禮教，民眾就沒有一個敢不敬；喜好正義，就沒有一個敢不服從；喜好信實，就沒有一個敢不真誠。做到這樣，四方的民眾，都揹着孩子來歸附了！學耕田來幹甚麼呢？」

評講　《論語》所謂「小人」往往指無位無權、庸愚瑣細之人，與有位治民的「君子」對舉，並不是道德上卑鄙者之意。幾十年來詆毀孔子者常引此章，說孔子輕視勞動人民，其實孔門立教，本在培養政治領袖，孔子希望門人能「先立其大者」，精神心力用於治國要務。即後來魏國田子方諷勸文侯：「君明樂官，不明樂音」之意。

13.5

子曰：「誦《詩》三百，授之以政，不達；使於四方，不能專對。雖多，亦奚以為？」

譯文 孔子說：「誦讀了《詩三百篇》，把政治事務交給他，卻不通達；派他做外交使者，又不能獨立應對。即使讀得多，又有甚麼用呢？」

評講 文藝仍然是要「學以致用」，這是儒家的本心，與道家重個人情意抒發者不同，這是中國傳統判然的兩派藝術觀念。

13.6

子曰：「其身正，不令而行；其身不正，雖令不從。」

譯文 孔子說：「一個人自身端正，不發號令，人也遵行；如果自身不正，即使發號施令，人家也不服從。」

評講 這也是以身作則，上行下效之意。〔12.17、12.19〕

13.7

子曰：「魯衛之政，兄弟也。」

譯文 孔子說：「魯、衛兩國的政治，真的是『兄弟之邦』啊！」

評講 魯衛兩國，血緣相同（姬姓），始祖（周公、康叔）昆弟，疆域相鄰，此時衰亂亦相似。蘇軾《論語解》：「是時魯哀公七年、衛出公五年（公元前488），衛之政，父不父、子不子；魯之政，君不君、臣不臣」，其不相遠如此。

13.8

子謂衛公子荊，「善居室。始有，曰：『苟合矣。』少有，曰：『苟完矣。』富有，曰：『苟美矣。』」

譯文 孔子說，衛國公子荊「善於處理房屋家產。開始有點家業，便說：『差不多了，夠用了！』稍微增加一點，便說：『差不多了，完備了！』真的富有，便說：『差不多了，完美了！』」

評講 「士而懷居，不足以為士矣」（《憲問》〔14.2〕）。「安居樂業」的要求，如果在精神上比物質上差得太遠，徒然替杜甫《秋興》「王侯第宅皆新主」增一注腳。

13.9

子適衛，冉有僕。子曰：「庶矣哉！」冉有曰：「既庶矣，又何加焉？」曰：

「富之。」「既富矣，又何加焉？」曰：「教之。」

譯文　孔子到衛國，冉有替他駕車，孔子說：「人真多呀！」冉有問：「人多了，還要增加甚麼呢？」孔子說：「讓他們富起來。」（再問：）「富有了，又增加甚麼呢？」（孔子）說：「教育他們。」

評講　孟子說：「飽食、暖衣、逸居而無教，則近於禽獸」（《滕文公上》）。人力資源重要，國民素質更重要。「人多好辦事」不夠，要「人多、好、辦事！」

13.10

子曰：「苟有用我者，期月而已可也，三年有成。」

譯文　孔子說：「如果有信任我主持政務的，一年便差不多，三年便有成績了。」

13.11

子曰：「『善人為邦百年，亦可以勝殘去殺矣』——誠哉是言也！」

譯文　孔子說：「（有這個講法——）『善人治理國家一百年，就可以勝過殘暴、去除殺戮了』——這話真對呀！」

評講　社會祥和之氣，要時間培養，不可以一朝一夕。

13.12

子曰：「如有王者，必世而後仁。」

譯文　孔子說：「如果有聖王在位，也要三十年才可以（移風易俗，）仁政大行。」

13.13

子曰：「苟正其身矣，於從政乎何有？不能正其身，如正人何？」

譯文　孔子說：「假如自己已經立身端正，對於治國還有甚麼問題呢？如果不能端正自己，又怎樣去糾正別人呢？」

評講　《禮記．大學》首章揭示後儒所謂「三綱八目」者，其理即此。

13.14

冉子退朝。子曰：「何晏也？」對曰：「有政。」子曰：「其事也。如有政，雖不吾以，吾其與聞之。」

譯文 冉有從朝廷回來。孔子說：「為甚麼回得這麼晚？」答道：「有政務。」孔子說：「是一般事務罷。如果是重要的政務，即使我不參與決策，也會聽到。」

評講 決策者謂之「政」，依令執行者謂之「事」。哀公十一年，季孫欲按田畝賦稅，使冉有徵求孔子意見，屢問孔子均答以不識，最後說：「子為國老，待子而行，若之何子之不言也？」（見《左傳》）

13.15

定公問：「一言而可以興邦，有諸？」孔子對曰：「言不可以若是其幾也。人之言曰：『為君難，為臣不易。』如知為君之難也，不幾乎一言而興邦乎？」曰：「一言而喪邦，有諸？」孔子對曰：「言不可以若是其幾也。人之言曰：『予無樂乎為君，唯其言而莫予違也！』——如其善而莫之違也，不亦善乎？如不善莫之違也，不幾乎一言而喪邦乎？」

譯文 魯定公問：「一句話可以興盛國家，有這個可能嗎？」孔子答道：「話是這樣說，不過並不這麼簡單。人這樣說：『做君主難，做臣子也不容易。』如果知道做領袖的困難，（自然會謹慎小心，）那不是一句話便興旺了國家麼？」（定公又）說：「一句話便使國家滅亡，有這回事嗎？」孔子答道：「話也不是這麼簡單，人這樣說：『我做人君也沒有甚麼快樂之處，就是一說話，沒有人違抗我！』——如果對的沒有人違抗，不是很好嗎？（但是）如果錯的也沒有人反對，不就近於『一句話便滅亡了國家』嗎？」

評講 「一言堂」的弊病，在秦漢大一統的二三百年前孔子就都看到了，只是沒有有效的辦法預防、制止。奈何！

13.16

葉公問政。子曰：「近者悅，遠者來。」

譯文 （楚國）葉公請問政治。孔子說：「（重要是令到）本地的人快樂，遠方的人移來。」

評講 現今世界某些地區總是成為由其他國家而來的移民重點，原因之一，就是「近悅遠來」。葉公，見〔7.19〕。

13.17

子夏為莒父宰，問政。子曰：「無欲速，無見小利。欲速，則不達；見小利，則大事不成。」

譯文　子夏做莒父的地方長官，請問決策原則。孔子曰：「不要貪快，不要貪圖小利益。貪快（就考慮不周詳，預想不到困難險阻，）反而達不到目的；貪圖小利，就會（利令智昏，因小失大，）成不了大的事情。」

評講　地方官吏，固當以此為箴。有「一言而決」權威的領袖人物，真正當機立斷固顯英明，驕急誤國更史多證例。諮議制衡，所以不可不有。

13.18

葉公語孔子，曰：「吾黨有直躬者，其父攘羊，而子證之。」孔子曰：「吾黨之直者異於是。父為子隱，子為父隱；直在其中矣。」

譯文　（楚國的）葉公對孔子說：「我們那裏有位立身正直的人，父親偷羊，兒子去告發。」孔子說：「我們那裏正直的人並不這樣。父親替兒子隱瞞，兒子替父親隱瞞；正直就在其中了。」

評講 古今讀此章而不安者甚多。《孟子．盡心上》篇，應答門人假設性問題：「舜為天子，父親殺人則如之何？」他提出「竊負而逃」的辦法——放棄了君位，背負着父親，父子倆逃到東海邊，埋名隱姓。到了現代，還有一些以「新儒學」自任的人，努力「學術性」地糾纏迂曲，替孔子此言辯解。其實，真理有時是很樸實的，粵諺說：「爭理不爭親，爭親打死人。」（粵語「爭」此處是「偏幫」之意。）在法治昌明的今日，親情淩駕公義的看法，是越來越難得人認同了！

13.19

樊遲問仁。子曰：「居處恭，執事敬，與人忠。雖之夷狄，不可棄也。」

譯文 樊遲問仁道（怎樣實踐）。孔子說：「生活小小心心，辦事莊莊重重，待人誠誠懇懇。這個原則，即使到了野蠻地區，也不可放棄啊！」

評講 「之」，往也。無論往到何處，都實踐仁道，自然「四海之內，皆兄弟也」（12.5）。

13.20

子貢問曰：「何如斯可謂之士矣？」子曰：「行己有恥，使於四方，不辱君命，

可謂士矣。」

曰：「敢問其次。」曰：「宗族稱孝焉，鄉黨稱弟焉。」

曰：「敢問其次。」曰：「言必信，行必果，硜硜然小人哉！——抑亦可以為次矣。」

曰：「今之從政者何如？」子曰：「噫！斗筲之人，何足算也？」

譯文

子貢請問：「怎樣可稱為『士』？」孔子說：「本身行事有羞恥的自覺，被派到外邦，能（忠實執行國策而又機靈應付變化，得體表達立場，）不辱沒君主的委任，可稱為『士』了。」

再問：「次一等呢？」

孔子說：「宗族稱他孝敬父母，鄉里讚他尊敬長輩。」

再問：「又次一等呢？」

孔子說：「說話一定信實，行為一定果敢——（唉，）硬石子一般的小人物啊！不過，也可以是次一等了！」

再問：「現在那些從政者怎樣？」

孔子說：「噫！這些度量細、眼光短的人，根本也算多餘！」

13.21

子曰：「不得中行而與之，必也狂狷乎！狂者進取，狷者有所不為也。」

譯文　孔子說：「得不到和中庸之道的人相交，就一定和『狂者』或是『狷者』來往了！——『狂者』務要激進、爭取，『狷者』保守，有些事一定不做！」

評講　《孟子．盡心下》卅七章，對這兩種性格的人，有類似而稍詳解釋。

13.22

子曰：「南人有言曰：『人而無恆，不可以作巫醫。』善夫！」「不恆其德，或承之羞。」子曰：「不占而已矣。」

譯文　孔子說：「南方人有句話：『人如果沒有恆心，不可以做巫術醫師。』——講得真對呀！」（《周易．恆卦》）爻辭說：「反反覆覆的人，羞恥一定跟着來！」孔子說：「反覆無常的人，占卦也不要做，算了！」

13.23

子曰：「君子和而不同，小人同而不和。」

譯文 孔子說：「君子與人和好，但不強求一致；小人一致（地結黨營私），但是（各懷鬼胎，不斷有矛盾衝突，）不能和好。」

評講 「人心不同，各如其面」，所以要「求同存異」。不能勉強要「黨內無派，黨外無黨」。

13.24

子貢問曰：「鄉人皆好之，何如？」子曰：「未可也。」「鄉人皆惡之，何如？」子曰：「未可也。——不如鄉人之善者好之，其不善者惡之。」

譯文 子貢問道：「地方上的人都喜歡他，（這人）怎樣？」孔子說：「未可以肯定啊。」「地方上的人都憎惡他，怎樣？」孔子說：「未可以肯定啊。——不如地方上的好人喜歡他，壞人憎惡他。」

評講 所以，投票選舉，問卷調查之類，都要小心——小心投票者的品質，小心問卷的設計，孔子說：「眾惡之，必察焉；眾好之，必察焉。」（《衛靈公》〔15.28〕）

13.25

子曰：「君子易事而難說也，說之不以其道，不說也。及其使人也，器之。小

人難事而易說也，說之雖不以其道，說也。及其使人也，求備焉。」

譯文　孔子說：「君子容易替他服務，而難以取悅，因為不用正道，他不會高興。到他使用人的時候，卻都適才適所、知人善任。小人難服事而易於討好，雖然用的不是正當方法，他卻容易高興。到他用人的時候，卻凡事苛刻瑣細、求全責備。」

評講　古代教育不普及，辦公室只有男性，貴族為主。孔子的看法如此。「小人」，瑣細平凡的人。「說」，同「悅」。

13.26

子曰：「君子泰而不驕，小人驕而不泰。」

譯文　孔子說：「君子舒泰安詳而不驕矜，小人驕矜而不安詳舒泰。」

13.27

子曰：「剛、毅、木、訥，近仁。」

譯文　孔子説：「剛強、堅毅、質樸、慎言，都接近仁德了。」

評講　孔門四科十哲，有屢得孔子讚譽，善於説辭的子貢為代表，不過，容易遠超於實踐的利口便舌，卻常受針砭（參看〔4.22、4.24、5.5、12.3、14.20〕）；而質樸、堅毅、沉着，卻獲得鼓勵、表揚。孔子晚年最為成熟之學，卒之傳於孝行著名、善於反省、被稱為「魯」〔11.18〕的曾參。

13.28

子路問曰：「何如斯可謂之士矣？」子曰：「切切偲偲，怡怡如也，可謂士矣。朋友切切偲偲，兄弟怡怡。」

譯文　子路問：「怎樣才可以稱為『士』呢？」孔子答道：「切切實實，誠誠懇懇，親親愛愛，可以稱為『士』了。——朋友之間，切實誠懇；兄弟之間，親親愛愛。」

13.29

子曰：「善人教民七年，亦可以即戎矣。」

譯文　孔子說：「品德良好的人，教導老百姓七年，也就可以參加軍事服務了。」

評講　「以不教民戰，是謂棄之！」（《子路》〔13.30〕）戎事既不可免，不能沒有國防教育。將門之後、通六藝、能射御的孔子，說「軍旅之事，未之學也」（《衛靈公》〔15.1〕）。或者只是不想以此酬應不適合的對象而已。

13.30

子曰：「以不教民戰，是謂棄之。」

譯文　孔子說：「以沒有教育、未經訓練的民眾去作戰，就等於拋棄他們（讓他們白白送命）！」

評講　孔子知不能用，所以衛靈公問陣法，以「未學軍旅之事」為答而行〔15.1〕，但他清楚地以「足兵」為三大立國政策之一〔12.7〕。平時六藝教弟子，「射」「御」都是軍事訓練。哀公十一年（公元前484）春，齊軍侵魯，冉有大敗之，並告季康子，說是孔子所教。

憲問 第十四

14.1

憲問恥。子曰：「邦有道，穀；邦無道，穀，恥也。」「克伐怨欲不行焉，可以為仁矣？」子曰：「可以為難矣，仁則吾不知也。」

譯文

原憲提出「羞恥」「恥辱」一類問題，孔子說：「國家上軌道固然享受俸祿；國家無道，一樣照吃照喝，這就是羞恥了！」原憲又問：「好勝、矜誇、怨恨、貪心，種種毛病都不發作了，可以說是仁了吧？」孔子說：「這樣的強力克制，可說是很不容易了，至於是否達到發乎性情自然的仁嘛，我就不知道了！」

14.2

子曰：「士而懷居，不足以為士矣。」

譯文 孔子說：「作為士人而過於懷戀安逸，不足以做社會精英了！」

評講 「君子謀道不謀食」，「憂道不憂貧」〔15.32〕，「士志於道，而恥惡衣惡食者，未足與議也。」〔4.9〕

‖14.3

子曰：「邦有道，危言危行；邦無道，危行言孫。」

譯文 孔子說：「國家有道，講話行為，都不妨高調；國家無道，行為標準仍然要高，話就要低調了。」

評講 「危」就是「高」，「孫」通「遜」。儒者格調，和「俠以武犯禁」，「摩頂放踵，利天下為之」的墨家就是不同。

‖14.4

子曰：「有德者，必有言；有言者，不必有德。仁者，必有勇；勇者，不必有仁。」

譯文　孔子說：「有道德的，一定有實踐印證所得的肺腑之言；不過，話講得頭頭是道的人，不一定有真正的德行。有仁心者，定必有由愛而來的勇氣；表現得視死如歸勇氣的，卻不一定出自愛心。」

評講　此所以「德」高於「藝」，而「仁」又為最高最備之德。

14.5

南宮适問於孔子曰：「羿善射，奡盪舟，俱不得其死然。禹稷躬稼而有天下。」夫子不答。南宮适出，子曰：「君子哉若人！尚德哉若人！」

譯文　南宮适（音「括」）問孔子說：「后羿善於射箭，（他妻子和寒浞所生的）奡（音「奥」），亦作「澆」）氣力奇大，可以拖動陸地上的船艇翻滾，兩人都沒得好死。夏禹、后稷，親耕種，卻得到天下。（——為甚麼？怎樣評論？）」老師沒有回答。南宮适離開，孔子說：「君子啊，這個人！崇尚品德啊，這個人！」

評講　肉體和精神都重要，更重要是精神怎樣指揮、運用肉體，去造福廣大的他人。

14.6

子曰：「君子而不仁者，有矣夫；未有小人而仁者也。」

譯文　孔子說：「君子而不仁的，大概有吧；小人而仁的，就沒有了。」

評講　《論語》之中，君子小人有時以「德」為分，有時指統治與被治的「地位」之別。此處若以德而言，則上句可指君子偶有如日月之蝕的過失，但小人是否全無良知顯現之時？若以位言，貴族固多無道，平民則不可統謂之不仁，所以本章順適之解，向不易得。

14.7

子曰：「愛之，能勿勞乎？忠焉，能勿誨乎？」

譯文　孔子說：「愛他，能不勉勵他、鍛鍊他嗎？忠心於他，能不誠懇勸告他、教訓他嗎？」

14.8

子曰：「為命，裨諶草創之，世叔討論之，行人子羽修飾之，東里子產潤色之。」

譯文　孔子說：「（鄭國）製作內政外交文件，裨諶（音「庇甚」）寫初稿，世叔審核研究，外交代表子羽修正、美化文字，居於東里的子產做最後加工完成。」

評講　鄭處中原四戰之地，位晉楚兩強之間，政務紛繁，外交尤要。文辭偶失分寸，安危影響每可甚大。子產執政（公元前543-522）成績輝煌，處事謹慎周詳，用人協合精當，一代名相，青史留芳。

此處孔子所論（參見《左傳》襄公三十一年所載），即其一例。

14.9

或問子產。子曰：「惠人也。」

問子西。曰：「彼哉！彼哉！」

問管仲。曰：「人也。奪伯氏駢邑三百，飯疏食，沒齒無怨言。」

譯文　有人詢問（孔子怎樣評價）子產。孔子說：「造福國家的人。」

問起子西。孔子說：「他呀，他呀……」

問起管仲。孔子說：「真是位大人物。齊桓公把有罪的下大夫伯氏在駢的食邑三百戶沒收轉給管仲，伯氏從此窮得只吃粗菜淡飯，不過順順服服，到死沒有怨言。」

14.10

子曰：「貧而無怨難，富而無驕易。」

譯文 孔子說：「貧賤而不怨恨，難。富貴而不驕傲，易。」

評講 其實後者也不容易，謙卑、感恩，不是許多人都會。不過較起來，貧賤而不怨氣沖天，不憤憤於自己的懷才不遇，天道的糊塗不公，就更難了！

14.11

子曰：「孟公綽為趙魏老則優，不可以為滕薛大夫。」

譯文 孔子說：「孟公綽如果做晉國趙氏、魏氏等卿的家臣之長，就綽綽有餘；但是不可以做滕薛等小國的大夫。」

評講 朱熹《集注》：「老，家臣之長。大家勢重而無諸侯之事，家老望尊而無官守之責……滕、薛國小政煩，大夫位高責重，然則公綽蓋廉靜寡慾而短於才者也。」《左傳》記襄公二十五年春，齊崔杼帶兵擾魯北疆，魯將求救於晉，孟公綽察覺齊軍沒有如常的侵擾傷害行為，預測崔杼速歸圖謀大事，其後果然。《史記·仲尼弟子傳》列他於「孔子之所嚴事（敬重禮侍）」之列。

14.12

子路問成人。子曰：「若臧武仲之知，公綽之不欲，卞莊子之勇，冉求之藝，文之以禮樂，亦可以為成人矣。」曰：「今之成人者何必然？見利思義，見危授命，久要不忘平生之言，亦可以為成人矣。」

譯文

子路問甚麼是「完美人格」？

孔子說：「好像臧武仲的聰明智慧，孟公綽的恬淡寡慾，卞莊子的英勇果敢，冉求的多藝多才，再以禮樂來包裝、美化，也可以成為完美人格了。」（孔子跟着繼續）又說：「現在的『完美人格』也何必這樣呢？（總之，人能）見到利益，同時想到道義；見到危難，付出最大責任感；久遠的約定，沒有忘記是平生說過的諾言，也可以說是『完美人格』了！」

評講

後半節（「今之成人者……」），亦有疑是子路之言者。

14.13

子問公叔文子於公明賈曰：「信乎，夫子不言，不笑，不取乎？」

公明賈對曰：「以告者過也。夫子時然後言，人不厭其言；樂然後笑，人不厭其笑；義然後取，人不厭其取。」

子曰：「其然？豈其然乎？」

譯文　孔子向公明賈問起公叔文子：「是真的嗎？他這位先生不講話，不說笑，不索取東西嗎？」

公明賈答道：「告訴你的人講得過份誇張了！他這位先生，合適的時候才講話，人不討厭他的話；真心喜樂才笑，人不討厭他的笑；合於公義然後拿取，人不討厭他的拿取。」

孔子說：「是這樣嗎？難道確是這樣嗎？」

14.14

子曰：「臧武仲以防求為後於魯，雖曰不要君，吾不信也。」

譯文　孔子說：「臧武仲以采邑『防』地為條件交換，（離國奔齊，）自家後人仍得在魯承繼，雖然說沒有要脅君主，我不信啊！」

評講　春秋貴族政治，嫡庶長幼之別、親疏厚薄之殊、身家性命之利、國運民生之機，吉凶禍福，一念天淵。臧武仲以多智聞於時，尊君重禮的孔子猶不免議之如此。

參見《左傳》襄公二十三年，原文字號紛紜，既無標點，中間「為」字又或解人名，語境考索不易，闕疑可也。

14.15

子曰：「晉文公譎而不正，齊桓公正而不譎。」

譯文　孔子說：「晉文公詭譎而不正派，齊桓公正派而不詭譎。」

評講　尊周室、攘夷狄，挾天子以令諸侯，阻過強楚北侵問鼎中原之勢，齊桓始之，晉文繼之，到戰國之時已淪為一事，而為孟子論王道所羞稱（《梁惠王上》），前此則孔子並論桓文，有此差別。二君主政之年齡、時世，有以致之。

14.16

子路曰：「桓公殺公子糾，召忽死之；管仲不死。曰：未仁乎？」子曰：「桓公九合諸侯，不以兵車；管仲之力也。如其仁！如其仁！」

譯文　子路說：「齊桓公（未得位之前，是公子小白），殺了（爭位的兄長）公子糾，公子糾的手下召忽因此而自殺殉主；（另一手下）管仲卻不死，（後來更輔佐齊桓公而成霸業，）可以說他未有仁德吧？」

孔子說：「齊桓公許多次結合諸侯（尊王攘夷），不靠武力（而組成聯盟），都是管仲的力量啊。這就是仁德了！這就是仁德了！」

評講

仁是大是大非，大恩大愛，不是區區效忠愛於一人一家。正如宋世為政者名言：「一家哭何如一路哭」。（「路」是唐「道」元「省」之間的地方政區單位。）

14.17

子貢曰：「管仲非仁者與？桓公殺公子糾，不能死，又相之！」子曰：「管仲相桓公，霸諸侯，一匡天下，民到於今受其賜。微管仲，吾其被髮左衽矣。豈若匹夫匹婦之為諒也，自經於溝瀆，而莫之知也？」

譯文

子貢說：「管仲是不是並非仁者呢？齊桓公殺了公子糾，（管仲）不能殉死，反而做了桓公的宰相！」孔子說：「管仲輔佐桓公，領導諸侯，天下一切得到匡正，民眾到今受到恩惠。沒有了管仲，我們都變成披頭散髮、左邊開襟的野蠻民族了！他難道要像平凡男女那樣守着小忠小信，自殺於山溝小河裏，沒人知道他是誰嗎？」

‖14.18

公叔文子之臣大夫僎與文子同升諸公。子聞之，曰：「可以為『文』矣。」

譯文　公叔文子的家臣、大夫僎（音「撰」）與文子同升之於（合音為「諸」）國家大臣。孔子聽到，說：「（這樣薦賢舉能的忠愛胸襟，）真值得被謚為『文』了！」

評講　人性之病在嫉妬，才貌優者往往尤烈，尊己而卑人，忌他出我之上，惟心胸弘廣、品性仁厚者可減可免。古代謚法：經緯天地、道德博厚、勤學好問、慈惠愛民、愍心惠禮、錫（「賜」）民爵位者，可稱為「文」。

‖14.19

子言衛靈公之無道也，康子曰：「夫如是，奚而不喪？」孔子曰：「仲叔圉治賓客，祝鮀治宗廟，王孫賈治軍旅。夫如是，奚其喪？」

譯文　孔子說起衛靈公的種種腐敗無道。季康子說：「照這樣說，為甚麼不亡國？」孔子說：「他有仲叔圉（音「遇」）辦外交，祝鮀負責宗廟，王孫賈管理軍隊。（一班賢能之士撐持着，暫時又）怎會敗亡呢？」

14.20

子曰：「其言之不怍，則為之也難。」

譯文　孔子說：「一個人大言不慚，做起來恐怕大不容易。」

評講　怍，音「鑿」，慚愧。孔子常以放言高論而沒有相應的行為配合者為戒。（參看4.22、4.24、5.5、12.3、13.27）

14.21

陳成子弒簡公。孔子沐浴而朝，告於哀公，曰：「陳恒弒其君，請討之！」公曰：「告夫三子。」孔子曰：「以吾從大夫之後，不敢不告也。君曰：『告夫三子』者。」之三子告，不可。孔子曰：「以吾從大夫之後，不敢不告也。」

譯文　齊國的貴族陳成子（恒）殺了簡公，（已經告老還家的）孔子沐浴上朝，奏告魯哀公說：「陳恒殺了國君，請出兵討伐這個亂臣賊子！」哀公說：「向（實際執掌政權的季孫、叔孫、孟孫）三大貴族報告吧！」

孔子（退朝之後）說：「因為我追隨先進擔任過大夫，（職責所在，）不敢不奉告主上啊！主上叫我報告三大貴族！」

於是到三桓貴族那裏報告，他們都表示沒力量、沒興趣、沒需要。孔子（無奈地）說：「因為我曾經做過大夫，責任上不敢不報告啊！」

‖14.22

子路問事君。子曰：「勿欺也，而犯之。」

譯文　子路問事奉君主的原則，孔子說：「不要（陽奉陰違、不盡不實地）欺騙他，要敢於（當面諫諍以至）冒犯他。」

‖14.23

子曰：「君子上達，小人下達。」

譯文　孔子說：「君子（關心自己的精神品格境界，）不斷向上提升；小人（放任自己的原始慾望，）不斷向下沉淪。」

14.24

子曰：「古之學者為己，今之學者為人。」

譯文　孔子說：「古代的學者，努力是為了提升自己的修養；現代的學者，努力是為了邀人的讚譽。」

14.25

蘧伯玉使人於孔子。孔子與之坐而問焉，曰：「夫子何為？」對曰：「夫子欲寡其過而未能也。」使者出。子曰：「使乎！使乎！」

譯文　（衛國大夫）蘧伯玉派人拜會孔子，孔子接待了他，寒暄問候，說：「先生近來做些甚麼？」答道：「先生想努力減少自己的過錯，不過還沒有做到。」那使者離開了，孔子說：「好使者！好使者！」

評講　朱子《集注》：「使者之言愈自卑約，而其主之賢益彰，亦可謂深知君子之心而善於辭令者矣！」

14.26

子曰：「不在其位，不謀其政。」曾子曰：「君子思不出其位。」

譯文 孔子說：「不在那職位，就不謀劃那政務。」曾子說：「君子的思慮，不超出自己的工作崗位。」

評講 《泰伯》篇〔8.14〕章亦載此孔子之言。——不是不關心，是對「位份」的尊重與遵守。

14.27

子曰：「君子恥其言而過其行。」

譯文 孔子說：「君子羞恥的是：講的話多，做的事少。」

評講 所以「仁者其言也訒」〔12.3〕，「君子欲訥於言而敏於行」〔4.24〕。

14.28

子曰：「君子道者三，我無能焉。仁者不憂，知者不惑，勇者不懼。」子貢曰：「夫子自道也。」

譯文　孔子說：「君子有三大途徑，我都履行不好：仁德的人不憂慮，智慧的人不困惑，勇敢的人不懼怕。」子貢說：「老師講的正是自己（的志向）啊！」

評講　《禮記・中庸》承孔子之學，以知仁勇為「三達德」。（參看〔9.29〕）

14.29

子貢方人。子曰：「賜也賢乎哉！夫我則不暇！」

譯文　子貢對人家說三道四。孔子說：「賜啊，真有能力呀！我就沒這個閑工夫了！」

評講　「方」，一作「謗」。古無輕唇（f- v- 等唇齒發音），二字相通。子貢才學高、善言語，不免氣傲，孔子警而教之。「夫」音「扶」，發語詞。

14.30

子曰：「不患人之不己知，患其不能也。」

譯文　孔子說：「不擔心人家不知道自己，擔心自己沒有能力啊！」

評講　孔子常用人們其實不必擔憂的事（「不患……」），映襯所應當努力的行為（「患

……」）。（參看〔1.16、4.14、15.19〕）

14.31

子曰：「不逆詐，不億不信；抑亦先覺者，是賢乎！」

譯文　孔子說：「不預設人家在欺詐，不臆度人家沒信用，但也是先知先覺者，真有才能、有見地呀！」

評講　「逆」即「迎」；「億」即「臆」。「詐」是有意之欺，「不信」可能是無法守約，語氣與解釋宜別，但都能在事發之前及時察覺，定必有妥善機制預警，這方面真的賢能有才。

14.32

微生畝謂孔子，曰：「丘何為是棲棲者與？無乃為佞乎？」孔子曰：「非敢為佞也，疾固也。」

譯文　微生畝對孔子說：「你孔丘啊，為甚麼這樣忙忙碌碌呢？不是要討好人家，賣弄自己吧？」孔子說：「不敢要賣弄甚麼，只是自己病於頑固，要堅持一向的理想罷了。」

評講 孔子屢遇隱士和自命高人者嘲笑、諷勸他不要再抱政治幻想，孔子則一貫堅持「知其不可而為之」的開物成務、建設禮樂的理念（參看〔18.5、18.6、18.7〕）。在此，微生畝就老氣橫秋地嘲諷，孔子不亢不卑地表白自己的原則。舊解「疾固」作「討厭別人的固執」，有反詆微生畝之意，恐怕並非謙慎的孔子原意。

14.33

子曰：「驥不稱其力，稱其德也。」

譯文 孔子說：「稱為良馬，不是讚牠的氣力，是讚牠的品性啊。」

評講 馬之可為人用，因為健行而品性溫良；人之可為世用，因為有才而德性高尚。所以豺虎、兇人，共稱為惡。

14.34

或曰：「以德報怨，何如？」子曰：「何以報德？以直報怨，以德報德。」

譯文　有人問：「以恩德來報答怨恨，怎麼樣？」孔子說：「那又用甚麼來報答恩德呢？——要以正直來報答怨恨，以恩德報答恩德。」

評講　《老子》（王弼注本六十三章）：「報怨以德」，這是道家之學，柔弱自處、不強爭是非。孔子則認為以牙還牙、以眼還眼的怨怨相報，固然沒有了期；唱高調的「以德報怨」，也不免離背人情、有失公允，都不是「中庸」（正常）之道。日本侵華，貪暴無比，中國抗戰既勝，先後主政者號稱以德報怨而不索償。是否孔子之教？後果如何？世所共睹。

14.35

子曰：「莫我知也夫！」子貢曰：「何為其莫知子也？」子曰：「不怨天，不尤人；下學而上達。知我者，其天乎！」

譯文　孔子說：「沒有人知道我啊！」子貢說：「為甚麼沒有人知道老師呢？」孔子說：「不怨恨天，不怪責人；從基層、具體的事物學起，提升到高妙的理論層次。知道我的，大概只有上天了！」

評講　孔子雖然經常自勉勉人，要「不患無位」，「不患莫己知」（4.14），「不患人之不己知」〔1.16、14.30〕，但殘酷的現實，讓他熱切的心靈一次又一次傷痛，難免發出人生戰場上的呻吟和慨歎。不過，他究竟是勇毅沉着的哲人，不怨不尤，對主宰命運與義理的天，更是繼續仰望，不失信心。（參看〔15.2、2.4、16.8〕）

14.36

公伯寮愬子路於季孫。子服景伯以告，曰：「夫子固有惑志於公伯寮，吾力猶能肆諸市朝。」

子曰：「道之將行也與，命也；道之將廢也與，命也。公伯寮其如命何！」

譯文 公伯寮向（執政）季孫氏投訴子路。子服景伯通知孔子，說：「老闆大人是有點被公伯寮（這傢伙）打動了；（不過，）我的力量，還能把他幹掉，示眾街頭！」孔子說：「（算了吧！我們的）道理會實現嗎？是天命；道理會廢掉嗎？也是天命。公伯寮能把天命所歸怎樣呢？」

評講 對天命所在、人心歸正，是滿有信心、努力不懈，這是孔子、儒門一貫的信念。

14.37

子曰：「賢者辟世，其次辟地，其次辟色，其次辟言。」

子曰：「作者七人矣。」

譯文　最賢德的人，避開那乖曲悖謬的世代。其次：遷地為良，危邦不入，亂邦不居。又其次：禮貌不周、顏色不從，及早引退。最其次：語言不遜、應對不諧，長揖而離。

孔子又說：「這樣做的已經有七位了！」

評講　是哪七位？——沒有充足論據，不必臆斷、坐實。

「其次……其次」——是範圍大小，不是「賢」的高下階次。

「賢者」——所有都如此？——以「避」為尚者，「迎難而上」，變「避」為「化民成俗」者，更是大賢。其後孟子就有聖之「任」（伊尹）、「和」（柳下惠）、「時」（孔子）等等分別，而不止伯夷之類「清」者。——《孟子．萬章下》

「賢」以至「聖」，只在政治？——內聖外王，根本在「德」。

14.38

子路宿於石門。晨門曰：「奚自？」子路曰：「自孔氏。」曰：「是知其不可而為之者與？」

譯文　子路在（魯國都城南側外城門的）石門過夜，早晨開城門的人問他：「從哪裏來？」答道：「從孔先生那裏。」那人便說：「就是那個明知行不通卻偏要去做的人嗎？」

評講　「知其不可而為之」——一句話正道着儒者「知命（明知有種種客觀的、不可知的限制）守義（仍然盡其在我，為所當為，以持守正義原則）」的精神所在。（參看〔14.43〕）

‖14.39

子擊磬於衛，有荷蕢而過孔氏之門者，曰：「有心哉，擊磬乎！」既而曰：「鄙哉，硜硜乎！莫己知也，斯己而已矣。深則厲，淺則揭。」

子曰：「果哉！末之難矣。」

譯文　孔子在衛國擊磬，有個擔着草筐的人走過孔家門前，說：「有心思啊！在擊磬嘛！」等一會，又說：「唉！平凡呀！敲石頭似的（硬聲音）！沒人賞識自己呀！就這樣罷了！（《詩·邶風·匏有若葉》的好句子：）『水深，就舉起腳步；水淺，就撩起下裳。（做人，要適應嘛！）』」

孔子說：「真果敢堅決呀！沒辦法說服他了！」

評講　此所以果於「狂」（進取）、果於「狷」（有所不為）、果於超世（老莊）、果於出世（佛），與中行之儒，都不能互相說服，中國心靈，由是鼎足而互補。

14.40

子張曰：「書云：『高宗諒陰，三年不言。』何謂也？」

子曰：「何必高宗，古之人皆然。君薨，百官總己以聽於冢宰三年。」

譯文　子張說：「《尚書》記載：『商代高宗武丁，守喪居於又涼又暗的凶事之廬，三年不說話。』——是甚麼意思？」

孔子說：「何必一定是高宗呢？古人守喪都如此。國君死了，百官各自集中理好自己部門事務，聽命於首相三年。」

評講　讓新君好好懷念先人，觀察實際政務，累積心得，多聽少講，做好上路準備。

14.41

子曰：「上好禮，則民易使也。」

譯文　孔子說：「領導人尊重禮制規矩，老百姓也就服從守法。」

14.42

子路問君子，子曰：「修己以敬。」曰：「如斯而已乎？」曰：「修己以安人。」曰：「如斯而已乎？」曰：「修己以安百姓——修己以安百姓，堯舜其猶病諸！」

譯文　子路問君子之道，孔子說：「修養行為，來表示尊重自己。」（子路）問道：「這樣就夠了嗎？」（孔子）說：「修養自己，來安定身邊的人。」再問道：「這樣就夠了嗎？」（孔子）說：「修養自己，安定所有民眾——修養自己來安定所有民眾，連堯舜聖王，也還憂心做不到呢！」

評講　「修身」不易，「齊家」尤難，「治國平天下」，內聖外王，更不是只憑勇氣、果於任事就可以。子路心高氣傲，一再追問，所以孔子教之如此。

14.43

原壤夷俟。子曰：「幼而不孫弟，長而無述焉；老而不死，是為賊！」以杖叩其脛。

譯文　（孔子的老朋友）原壤，大模厮樣、殊不拘禮地踞坐，伸開兩腿，等孔子前來。孔子說：「（你這人啊！）幼時不恭順長輩，大了又一事無成，無可稱述；到老，就白吃米糧，寄生社會，真是害人的傢伙！」說着，就用拐杖去敲了敲他的小腿。

評講　原壤可能也是微生畝〔14.32〕、晨門〔14.38〕以至楚狂接輿〔18.5〕、長沮桀溺〔18.6〕、荷蓧丈人〔18.7〕等等一類人物。「孫弟」，即「遜悌」。

‖14.44

闕黨童子將命。或問之曰：「益者與？」子曰：「吾見其居於位也，見其與先生並行也。非求益者也，欲速成者也。」

譯文　孔子故居闕里一位少年人，替長輩通傳消息。有人問：「這少年是來請求教益的嗎？」孔子說：「我只見到他（大模厮樣地）坐在尊長的座位上，只見到他與老師並肩齊行——（他）不是來請求教益的啊，是想一步登天的啊！」

評講　少年所為，不合當時禮節。

衛靈公 第十五

15.1

衛靈公問陳於孔子。孔子對曰：「俎豆之事，則嘗聞之矣；軍旅之事，未之學也。」明日遂行。

譯文 衛靈公向孔子詢問軍陣的事。孔子答道：「禮儀的事，倒是聽過的；軍隊的事情，就從來沒有學過。」明天就離開了。

評講 陳，古即「陣」字。

俎、豆，都是盛載肉或穀類祭品的禮儀器具。

古以五百人之軍為「旅」，引申為兵隊之稱。

孔子是否真的未學軍旅之事？抑或是知其不足以有為而謙辭，讓彼此都好下台呢？

15.2

在陳絕糧。從者病，莫能興。子路慍見，曰：「君子亦有窮乎？」子曰：「君子固窮，小人窮斯濫矣。」

譯文　（孔子和弟子周遊）到了陳國。糧食斷絕了。跟從的人都病倒了，不能起來。子路很不開心，來見孔子，說：「為甚麼君子也會弄到這樣窮困的地步？」孔子說：「君子本來也會窮困，不過卻能夠堅守原則；小人一窮困，就甚麼都做了！」

評講　路似乎絕了。力似乎竭了。還堅持下去嗎？一向的方針，要改變嗎？抑或確信：難免的橫逆艱困，一過便是康莊，前面柳暗花明，更加燦爛？毅力，來源自信心，顯示於操守；取捨抉擇，表現了、也靠賴着，由上而來的智慧。所以，知命守義的哲人，最所敬畏和孺慕的，還是在至高之處的天（參看〔14.35、16.8、2.4〕）。正如西方名牧 Reinhold Niebuhr 那三句著名的禱告：「惠我以安寧，忍所當忍；贈我以勇毅，為所當為；更賜我以智慧，將二者區分。」

15.3

子曰：「賜也，汝以予為多學而識之者與？」對曰：「然。非與？」曰：「非也，予一以貫之。」

譯文 孔子說：「賜啊，你以為我是多多學習、統統記得的人嗎？」子貢答說：「是啊。不是嗎？」孔子說：「不對呀，我是認定一個基本觀念。然後把一切貫串起來的。」

評講 孔子對曾參說，他的道理是「一以貫之」。曾子解釋說，這就是「盡自己真心」的「忠」，和「己所不欲，勿施於人」、推己以及人的「恕」。〔4.15〕

15.4

子曰：「由！知德者鮮矣。」

譯文 孔子說：「由啊！真正了解人類德性的人，很少了！」

評講 發揮起來萬語千言不足，濃縮而成一句慨歎！

15.5

子曰：「無為而治者其舜也與？夫何為哉？恭己正南面而已矣。」

譯文 孔子說：「做到所謂『無為而治』的，虞舜就是了。他做甚麼呢？莊重恭敬地做最高領袖罷了！」

15.6

子張問行。子曰：「言忠信，行篤敬，雖蠻貊之邦，行矣。言不忠信，行不篤敬，雖州里，行乎哉？立則見其參於前也，在輿則見其倚於衡也，夫然後行。」子張書諸紳。

譯文

子張問人生的道路、行事步伐，如何開展？做人德行，如何培訓？天理善念，如何踐行？……等等，總的是一個「行」字。

孔子說：「說話忠誠信實，行為篤實恭敬，雖然到了異文化的、看來野蠻的地方，都行得通了。（否則，）說話不忠不信，行為輕浮無禮，即使在熟識的社區，怎樣行得通呢？（「言忠信行篤敬」幾個字）站立，見到在面前，坐車見到在車前的橫木，（時時刻刻，毋怠毋忘）這樣才行得通。」

子張把這句話，寫在衣帶。

15.7

子曰：「直哉史魚！邦有道，如矢；邦無道，如矢。君子哉蘧伯玉！邦有道，則仕；邦無道，則可卷而懷之。」

譯文 孔子說：「正直啊！史魚。國邦有道，他正直如箭；國邦無道，他同樣正直如箭。君子啊！蘧伯玉。國邦有道，他出身做事；國邦無道，他收藏、保存自己。」

評講 衛靈公時，大夫史鰌（子魚）病終前遺囑說：「我在朝廷不能進蘧伯玉而退彌子瑕，這樣不能正君，有負國家，不配完整的葬禮。」兒子遵囑不置靈位於大廳而在臥室，後來衛君愧而從之，人稱他「生以身諫，死以屍諫」。

蘧伯玉明哲保身，大抵也認同孔子所謂「道不行，乘桴浮於海」（《公冶長》〔5.7〕），而不造木筏戰船勉強抗爭。俗語所謂「秀才造反，三年不成」，所以歷來「烈士」或不嫌多，「隱士」實在不少，儒家一滑就變成了道家。

15.8

子曰：「可與言而不與言，失人；不可與言而與之言，失言。知者不失人，亦不失言。」

譯文 孔子說：「可以跟他談卻不跟他談，是錯過了對象；不可以跟他談，卻跟他談了，是錯費了言語。有智慧的人，既不錯過對象，也不錯費言語。」

評講 荀子《勸學》篇「故未可與言而言，謂之傲；可以言而不言，謂之隱；不觀氣色而言，謂之瞽。故君子不傲，不隱，不瞽，謹順其身。」參見《季氏》篇〔16.6〕。

15.9

子曰：「志士仁人，無求生以害仁；有殺身以成仁。」

譯文　孔子說：「有志之士，仁德之人，沒有為了苟全性命而損害仁德；只有犧牲自己，來成就仁德。」

評講　後來孟子更說「舍生取義」（《告子上・魚我所欲也》章）。文天祥遺言：「孔曰成仁，孟曰取義，唯其義盡，所以仁至。讀聖賢書，所學何事？而今而後，庶幾無愧！」孔孟這幾句表現人性光輝之言，不只對中國人，對世界文化，也是不朽的貢獻。所以，看似飄逸，自鳴清高的道家，其實和光同塵，也不過為生存而生存，必然為「鄉原」〔17.13〕。被嗤「知其不可而為之」〔14.38〕、「許身一何愚」（杜甫《奉先詠懷》詩）的儒者，反而真的是「放得下」（形軀生命）、「拿得起」（仁義擔當）。

15.10

子貢問為仁。子曰：「工欲善其事，必先利其器。居是邦也，事其大夫之賢

者，友其士之仁者。」

譯文　子貢問實踐仁道的原則，孔子說：「工匠要做好他的事情，一定先磨利他的器具。所以，住在一個國家，要事奉他們大夫前輩（尊長）中的賢者，要結交他們士人（後進菁英）中的仁者。」

評講　益者三友〔16.4〕就是進德修業的最好磨礪。

顏淵問為邦。子曰：「行夏之時，乘殷之輅，服周之冕，樂則韶舞。放鄭聲，遠佞人。鄭聲淫，佞人殆。」

譯文　顏淵問治國之道。孔子說：「（文化制度上，）用夏朝（比較適合廣大中原農耕地區的）曆法，（以「寅」月為始，如其後漢代以來的農曆，周曆則始「子」，即夏之十一月。華北氣溫隨地區而異，故三代有「三正」，秦統一時更以夏之十月為歲首。）乘坐比較簡樸的殷代的大車，戴周朝稍為華美而前後鑲有象徵公正持平流蘇的冠冕，音樂就發揚歌頌昇平的（分別是虞舜和周初的）《韶》《舞》，放棄（中原地區中心、四方雜處的）鄭國地區的樂曲，疏遠奸佞小人——鄭地的音聲太煽情，奸佞小人對社會危險！」

15.12

子曰：「人無遠慮，必有近憂。」

譯文　孔子說：「人沒有長遠的思慮，就必有近期的擔憂。」

15.13

子曰：「已矣乎！吾未見好德如好色者也。」

譯文　孔子說：「算了罷！算了罷！我未見過喜愛美德猶如喜愛美色的人啊！」

評講　古今中外，人情之常——正因如此，作為唯一理性生物的人類，須要時刻提高自覺，使理智、情感、慾望，有節有序。

15.14

子曰：「臧文仲其竊位者與！知柳下惠之賢而不與立也。」

譯文 孔子說：「臧文仲恐怕是偷了官位不做正事的人吧？他知道柳下惠的賢能，卻不給他應有的祿位！」

評講 韓愈《進學解》：「登明選公，雜進巧拙，紆餘為妍，卓犖為傑，校短量長，惟器是適者，宰相之方也。」俗語所謂「宰相肚內好撐船」，居機構高位，有用人大權者，器度寬宏不只能負謗任怨，更應有知人之明，用人之方，更有容人之量，諸如孔子此處的論議作為鑑戒留傳，或者可以稍減「妬忌」這一種動物天性的禍害。

15.15

子曰：「躬自厚而薄責於人，則遠怨矣。」

譯文 孔子說：「對自己多一點要求，對人家少一些責備，這就能離開怨恨了！」

評講 此所謂「律己以嚴，待人以寬。」自私的天性，自救的本能，不愁人不會苛責他人而原諒自己。有孔子的話平衡一下，人間少了許多戾氣與爭執。

‖15.16

子曰：「不曰『如之何、如之何』者，吾末如之何也已矣。」

譯文　孔子說：「不說『怎麼辦？怎麼辦』的人，我也不知道拿他怎麼辦了！」

評講　一切進德修業工夫，都在於自覺自省。（參看〔1.4〕）

‖15.17

子曰：「群居終日，言不及義；好行小慧，難矣哉！」

譯文　孔子說：「整班人終日聚在一起，講話沒句正經，喜歡耍耍小聰明（慧，古作「惠」），真難搞呀！」

‖15.18

子曰：「君子義以為質，禮以行之，孫以出之，信以成之；君子哉！」

譯文　孔子說：「君子以合宜的道理為本質，以禮法為實踐，謙遜地表現，信實地完成；（這樣的作為）真是君子呀！」

15.19

子曰：「君子病無能焉，不病人之不己知也。」

譯文　孔子說：「君子只怕自己沒有能力，不擔心人不了解自己啊。」

評講　參看〔1.16、4.14、14.30〕。

15.20

子曰：「君子疾沒世而名不稱焉。」

譯文　孔子說：「君子最痛心的，是生命到了盡期，還沒有甚麼名聲值得人家稱述啊！」

評講　「稱」如果如王陽明《傳習錄》所主讀去聲，則應解作：到死也沒有和他地位相配的才德表現，這是君子最擔憂的了。

15.21

子曰：「君子求諸己，小人求諸人。」

譯文　孔子說：「君子一切都要求自己，小人甚麼都期望他人。」

15.22

子曰：「君子矜而不爭，群而不黨。」

譯文　孔子說：「君子自尊而不與人爭，合群而不結私黨。」

評講　孔子當時所謂「黨」，是街坊小圈子，不是現代意義的政黨。

15.23

子曰：「君子不以言舉人，不以人廢言。」

譯文　孔子說：「君子不因為說得好，便舉用那個人，也不因為鄙棄某個人，便連他（合情合理）的話都不用不聽。」

評講　明白這句話不難，實行這句話不易。

15.24

子貢問曰：「有一言而可以終身行之者乎？」子曰：「其『恕』乎！己所不欲，勿施於人。」

譯文　子貢問道：「有沒有一句可以終身奉行的話呢？」孔子說：「大概是（推己及人的）恕道吧——（那句話就是：）己所不欲，勿施於人。」

評講　《禮記．大學》篇說「絜矩之道」——就是拿起一把「矩」尺，可以量度天下所有方角，正如由自己的感受，可以測知他人的感受。「盡己之心」是「忠」，推以及人，就是「恕」道，曾子說孔子的一貫之道，就是「忠恕」〔4.15〕。基督教《聖經．馬太福音》七章十二節，「無論何事，你們願意人怎樣待你們，你們也要怎樣待人」，兩者的同與不同，大可比較。

15.25

子曰：「吾之於人也，誰毀誰譽？如有所譽者，其有所試矣。斯民也，三代之所以直道而行也。」

譯文　孔子說：「我對於人，疵議誰呢？讚譽誰呢？如果有所讚譽，他一定經過了考試。現在這樣的老百姓啊，有社會共識，有價值軌範，就是經過了夏、商、到現時周朝，三代的教化累積，所以行事為人，大家都懂得以正直之道為尚啊！」

‖15.26

子曰：「吾猶及史之闕文也。『有馬者借人乘之』，今亡矣夫！」

譯文　孔子說：「我還能看得到史書上漏失的文字呢！『有馬者借人乘之』——如今沒有了！」

評講　此章文意不全，不能強解。

‖15.27

子曰：「巧言亂德，小不忍則亂大謀。」

譯文　孔子說：「花巧的言語，亂壞了品德；小事不忍耐，破壞了大計。」

評講　「君子恥其言而過其行」〔14.27〕，所以「仁者其言也訒」〔12.3〕，至於本章的後半句，早已成為二千五百年來民眾每日格言了。

‖15.28

子曰：「眾惡之，必察焉；眾好之，必察焉。」

譯文　孔子說：「大家都討厭的人，一定細心看看；大家都喜歡的人，一定留意考察。」

評講 回看《子路》篇「鄉人皆好皆惡」者，孔子怎樣答子貢〔13.24〕。

15.29

子曰：「人能弘道，非道弘人。」

譯文 孔子說：「人能擴大道，不是道擴大人。」

評講 孔子以人的價值自覺（心性）為本體，由此而生一切倫理道德。道家則以天地自然之道為最大最高，所謂人倫物理，都不過是其中一種。基督教之道，則以上帝諸語為真理，故說「道神同在」「道就是神」。同辭異義，不可混同比附。

15.30

子曰：「過而不改，是謂過矣。」

譯文 孔子說：「錯了而不改正，就真叫做錯誤了。」

15.31

子曰：「吾嘗終日不食，終夜不寢；以思。無益，不如學也。」

譯文　孔子說：「我曾經整天不食，終夜不眠，想着想着（結果發覺）沒有益處，不如切切實實去學習好了。」

評講　《荀子》首篇《勸學》本於此而說：「吾嘗終日而思矣，不如須臾之學也。」都是戒人「思而不學則殆」的、可能落於危險的空想。不過，「學而不思則罔」〔2.15〕，也會變成「死讀書、讀死書、讀書死」的糊塗人，所以《禮記·中庸》「博學」之後，繼以「審問」「慎思」「明辨」，而終以「篤行」，朱熹引程子說：「五者廢其一，非學也」——這「學」，是完整意義之學，不止是讀書了！

15.32

子曰：「君子謀道不謀食。耕也，餒在其中矣；學也，祿在其中矣。君子憂道不憂貧。」

譯文　孔子說：「君子謀求道的實現，心思並不放在食上面。耕田嗎？失敗、飢餓的危機也在於其中了。求學，進步、高貴的可能也在其中了。君子憂心道（之不行），不憂心貧困。」

評講　參看〔4.9、14.2〕。

15.33

子曰：「知及之，仁不能守之；雖得之，必失之。知及之，仁能守之。不莊以涖之，則民不敬。知及之，仁能守之，莊以涖之，動之不以禮，未善也。」

譯文　孔子說：「（政治權力）靠聰明才智取得，沒有仁愛之心保持，即使當初得到，後來也一定失去。」

評講　聰明才智取得它，仁愛之心保持它，如果不嚴敬謹慎去處理問題，老百姓就不會敬重政府。聰明才智取得了，仁愛之心保持了，嚴敬謹慎處理了，不能用禮來發動，還是不夠好呢！」

15.34

子曰：「君子不可小知而可大受也，小人不可大受而可小知也。」

譯文　孔子說：「領導型人才，不可只想小事了解，而可以大事考驗；普通小人物，不可勝任大事務，可以接受小考驗。」

評講 人才能量各有臨界點，未到則游刃有餘，稍過則捉襟見肘，中外學者都有此論理。

‖15.35

子曰：「民之於仁也，甚於水火。水火，吾見蹈而死者矣，未見蹈仁而死者也。」

譯文 孔子說：「人民對生命核心價值的需求，甚於日常生活的水與火。火熱水深，不善蹈踏者會賠上生命，我卻未曾見過履行仁道而死的。」

評講 烈士忠臣，捨己為群，不是「蹈仁而死」，是成仁取義，雖死猶生，立德立功立言，儒門謂之「三不朽」。

‖15.36

子曰：「當仁，不讓於師。」

譯文 孔子說：「遇到實踐仁德的機會（要堅決、及時），對師長也不能謙讓。」

‖15.37

子曰：「君子貞而不諒。」

譯文　孔子說：「君子堅守大原則，不拘小規矩。」

評講　朱熹《集注》：「貞，正而固也，諒則不擇是非而必於信。」只知堅守承諾而不顧大是大非，對不義的團體、組織或個人效忠守節，即謂之「諒」。所以執行違背良知的屠殺命令，不可辯稱無罪。

‖15.38

子曰：「事君，敬其事而後其食。」

譯文　孔子說：「服務君主，做好本份工作，俸祿放在其次。」

評講　「先盡本份」是中外哲人相同的鼓勵，現代倫理更重賓主勞資平等而避免藉辭取巧剝削。

‖15.39

子曰：「有教無類。」

譯文　孔子說：「人人都有受教育的機會，沒有貧富、地域、階級出身等的差別。」

評講　因為這個理念，所以孔子說：「自行束脩以上，吾未嘗無誨焉」〔7.7〕。也因此，在那個時代，他能夠賢人七十，弟子三千，澤流後世，沾溉了心靈億萬。此教育之所以為人間偉業。

‖15.40

子曰：「道不同，不相為謀。」

譯文　孔子說：「人生的途徑不同，不互相替對方謀劃。」

‖15.41

子曰：「辭達而已矣。」

譯文　孔子說：「言語，就是以表達為目的了。」

評講　「就是要能夠表達了」——於是精益求精地講究修辭藝術；「能表達就夠了」——於是切戒「采溢於情」，以免流於訛濫。所以齊梁之際的劉勰，在「三十而立」之年，夢見仲尼，並且隨之而南行，於是寫了《文心雕龍》，中國文評寶典，宣揚了孔子這句話五個字的精蘊。

15.42

師冕見。及階。子曰：「階也。」及席。子曰：「席也。」皆坐。子告之，曰：「某在斯，某在斯。」師冕出。子張問曰：「與師言之道與？」子曰：「然。固相師之道也。」

譯文　瞽師冕來見（孔子），到了台階，孔子說：「這是台階。」到了坐席，孔子說：「這是坐席。」都坐下了，孔子告訴他：「某人在這裏，某人在這裏。」瞽師冕告辭了，子張問道：「這是同樂師說話的方式嗎？」孔子說：「對，這是幫助瞽師的辦法啊。」

評講　古人多以專業稱呼冠於名字之前。師：樂師，古代多為失明人士。相：本義為盲人「木」杖，所以助「目」，引申為輔佐之意，所謂「丞相」「相夫教子」，其義皆從此出。

就是「知尊重」「能顧念」，人類於是懂得發明凸字、訓練導盲犬——而且人應當始終勝於，也有靈性和愛心的犬。

季氏 第十六

16.1

季氏將伐顓臾。冉有、季路見於孔子，曰：「季氏將有事於顓臾。」孔子曰：「求！無乃爾是過與？夫顓臾，昔者先王以為東蒙主，且在邦域之中矣；是社稷之臣也，何以伐為？」冉有曰：「夫子欲之，吾二臣者，皆不欲也。」孔子曰：「求！周任有言曰：『陳力就列，不能者止。』危而不持，顛而不扶；則將焉用彼相矣？且爾言過矣，虎兕出於柙，龜玉毀於櫝中；是誰之過與？」冉有曰：「今夫顓臾，固而近於費；今不取，後世必為子孫憂。」孔子曰：「求！君子疾夫舍曰欲之，而必為之辭。丘也，聞有國有家者，不患寡，而患不均；不患貧，而患不安。蓋均無貧，和無寡，安無傾。夫如是，故遠人不服，則修文德以來之；既來之，則安之。今由與求也，相夫子，遠人不服，而不能來也；邦分崩離析，而不能守也；而謀動干戈於邦內。吾恐季孫之憂，不在顓臾；而在蕭牆之內也。」

譯文

（當權者）季氏將要攻伐顓臾。冉有和季路來見孔子，說：「季氏就要對顓臾有所行動了。」

孔子說：「求！這怕還是你的責任吧？這顓臾，過去先王特派做東蒙山的奉祀官，而且在國境之內，又是國家的臣子，為甚麼要討伐？」

冉有說：「老闆要這樣，我們兩個做下屬的都不贊成。」

孔子說：「求！周任有句話說：『擺力量，就崗位；幹不了，便停手。』有危險，不撐住；要倒下，不扶起；那麼，還要那手杖做甚麼呢？而且你的講法本來就錯了，（試想想）：讓老虎、犀牛從籠裏闖出來，讓寶龜美玉在櫃子裏毀掉，到底是誰的過失？」

冉有說：「顓臾城郭險固，又接近費（季氏的封邑）；現在不拿下，畢竟是後世子孫的禍根。」

孔子說：「求！君子就討厭這種不坦白說想要，反而轉彎抹角，編出一套（自己也不相信的）說法。我孔丘聽說過：凡有國有家的當權者，不怕人力資源少，只怕分配不平均；不怕人民窮，只怕社會不安定。（譯按：倘原文傳抄誤，寡貧二字互易，即當解為：不怕人民窮，只怕分配不均勻；不怕人民少，只怕社會不安定。）如果分配平均，就沒有人貧窮；大家和睦，人力資源不會缺乏；社會安定，就不

評講

會傾覆。做到這樣，遠方人有不歸服的，就再修明文化道德來招引他。過來了，便安頓他。如今你由和求，幫助老闆，遠方的人不歸服不能招引過來；自己國內四分五裂，也保守不住；卻反要在國內動起干戈，我怕季孫真正要擔憂的，不是顓臾，倒是在蕭牆之內呢！」

文中孔子名言：「不患寡而患不均，不患貧而患不安。」俞樾《群經平議》謂寡貧二字傳抄之誤，應互易，引《春秋繁露》為證。學者從之。

蕭牆就是內圍屏風，臣下至此共君議事而莊肅敬慎。（「蕭」就是「肅」的意思。）內部矛盾久難解決，往往藉對外軍事問題來分散注意，這是古今中外當權者的慣技，當年的季氏也是如此。不過，一方面「蕭牆之內」的魯哀公不忘找機會奪回權力，一方面季氏自己也被尾大不掉的大夫家臣操控。前此的定公八年，季桓子即被陽虎所囚。「強固的堡壘從內部攻破」，這才值得擔憂呢！

顧立雅（H. G. Greel）《孔子與中國之道》（*Confucius and the Chinese way*, 1960, New York）：「季氏篡奪了魯公的權力，並做了許許多多孔子所不贊成的事情，然而，他的大部份弟子在魯國的從政機會，卻正是季氏所提供的。」（頁 33，高專誠引述）冉有佐季氏尤力，頗有重功效、離師教之傾向〔3.6、11.17〕。至於以子路剛烈正直之性，為季氏宰則勸其拆墮僭建之費城，此次有無參與其事？孔子為何只責冉有一人？二人有無同時仕於季氏？都是疑問。

16.2

孔子曰：「天下有道，則禮樂征伐，自天子出；天下無道，則禮樂征伐，自諸侯出。自諸侯出，蓋十世希不失矣。自大夫出，五世希不失矣。陪臣執國命，三世希不失矣。天下有道，則政不在大夫；天下有道，則庶人不議。」

譯文　孔子說：「天下上軌道，文化建設的禮樂，軍事制裁的征伐，都出自天子；天下無道，這些就都出自諸侯了！如果出自諸侯，到十代就少有不喪失政權的了。（情況再壞，禮樂征伐出自）大夫，到五代就少有不失了。（情況更壞）本來是陪伴的家臣，竟然掌握了國家的命運，那就傳到三代，少有不失了！天下有道，政權就不在大夫；天下有道，民眾就不會紛紛論議。」

評講　這是孔子有關政治變化與安定關鍵所在的見解，其實，人的貪慾怎樣安頓？才是問題癥結。「庶人不議」，不能議、不敢議，就真是「天下無道」了！當然，我們不能苛求孔子認識：民主憲政，衡制君權才是解決辦法。

16.3

孔子曰：「祿之去公室，五世矣！政逮於大夫，四世矣！故夫三桓之子孫微矣！」

譯文 孔子說：「爵祿分配權力離開魯國元首，已經五代了！行政主權的操持到了大夫這一層，又四代了！所以桓公的三房子孫，也衰微了！」

評講 權力、財富的掠奪、掠奪、再掠奪；贏得、贏得、再贏得；分配、分配、再分配，必然是動態的。部落變為封建，列國數目越變越少，各國規模越變越大，內部又因戰功或者弄權而「陪臣執國命」〔16.2〕，是由西周而東周貴族政治崩壞的必然發展，孔子為此而深深慨歎，至於後來嬴秦變法，用商鞅新政，強公室、杜私門、廢封建、行郡縣，漸入中央集權，這就是清人趙翼《廿二史劄記》所謂：「人情猶狃於故見，天意已另換新局」，非孔子之所及見了！

16.4

孔子曰：「益者三友，損者三友；友直，友諒，友多聞；益矣。友便辟，友善柔，友便佞；損矣。」

譯文 孔子說：「有益的朋友三種，有害的朋友也是三種：正直的、能體諒的、見聞廣博的，有益了；乖僻偏執的、軟弱依賴的、口甜舌滑的，有害了。」

評講 孔子說：「無友不如己者」〔1.8〕，大概指損友而言。

16.5

孔子曰：「益者三樂，損者三樂。樂節禮樂，樂道人之善，樂多賢友，益矣！樂驕樂，樂佚游，樂宴樂，損矣！」

譯文　孔子說：「有益的三種樂趣，有害的三種樂趣。——以『禮樂節制行為』為樂趣，以『稱道他人長處』為樂趣，以『賢友眾多』為樂趣，這是有益的了。以『驕奢逸樂』為樂趣，以『放佚遊蕩』為樂趣，以『吃吃喝喝』為樂趣，這是有害的了。」

評講　泰甚則弊，至於「文武之道，一張一弛」，有節制的宴遊，應該是孔子所許；《侍坐》章之所記述，更是孔子所嘉了！

16.6

孔子曰：「侍於君子有三愆：言未及之而言，謂之躁；言及之不言，謂之隱；未見顏色而言，謂之瞽。」

譯文　孔子說：「陪着君子談話，有三種過失（要避免）：還沒輪到就講，是急躁；到了應該講卻不講，是隱瞞；不察看神色就講，是盲目。」

評講　《荀子・勸學》篇：「未可與言而言，謂之傲；可與言而不言，謂之隱；不觀氣色而言，謂之瞽」，語本於此。參看《衛靈公》篇〔15.8〕。

16.7

孔子曰：「君子有三戒：少之時，血氣未定，戒之在色；及其壯也，血氣方剛，戒之在鬥；及其老也，血氣既衰，戒之在得。」

譯文　孔子說：「君子有三項警戒：年輕時候，生命力旺盛而未有定向，（容易衝動而放縱生理本能，）所以戒之在色慾；壯年時候，血氣仍然強旺而好勝，所以戒之在鬥爭；年紀老了，生命力走向下坡，越知道帶不走的越想帶走，所以要戒之在貪吝、佔有。」

評講　由少到老，都是良箴。

16.8

孔子曰：「君子有三畏：畏天命，畏大人，畏聖人之言。小人不知天命，而不畏也；狎大人，侮聖人之言。」

譯文　孔子說：「君子（有修養智慧的人）有三項敬畏的事物，敬畏上天（冥冥中造物者）的意旨，敬畏德高望重的領袖人物，敬畏聖人的教訓，小人（淺陋庸俗者）卻（相反）不敬畏天命，只想對大人物親近而不懂真正尊重，輕狂對待聖人的話語。」

評講 《論語》這部份接連幾章，都三事並舉，這種思維與表達方式，值得注意。

16.9

孔子曰：「生而知之者，上也；學而知之者，次也；困而學之，又其次也；困而不學，民斯為下矣。」

譯文 孔子說：「（天才人物）生來就懂，最好；學習然後知道，是第二等人；不主動尋求，要碰到困難才去學，是又次一等；遇到困難還不肯學，這樣的人，就最下等了！」

評講 作為人的核心價值，即所謂「仁」，就是無限的同情心和向上的自覺心。

《中庸》第二十一章：

或生而知之，或學而知之，或困而知之，及其知之，一也。
或安而行之，或利而行之，或勉強而行之，及其成功，一也。

16.10

孔子曰：「君子有九思：視思明，聽思聰，色思溫，貌思恭，言思忠，事思敬，疑思問，忿思難，見得思義。」

譯文 孔子說：「君子有九種要想的東西：看的，想明白；聽的，想清楚；神色，想溫和；容貌，想恭敬；言語，想誠實；辦事，想認真；懷疑，想詢問；激忿，想想可能的難處；要到手的東西，想想合不合宜。」

16.11

孔子曰：「見善如不及，見不善如探湯；吾見其人矣，吾聞其語矣。隱居以求其志，行義以達其道；吾聞其語矣，未見其人也。」

譯文 孔子說：「見到善，熱切追求得好像趕不上；見到不善，趕快退縮像伸手探到熱開水——我見過這樣的人，聽過這樣的話了。隱居避世以保存自己高尚之志，履行仁義以貫徹自己的原則，這樣的話我聽過了，這樣的人，我還未見過呢！」

評講 趨善避惡，有天賦良知的人都總能如此；澹泊明志，見義勇為，有世俗顧慮的人都很難如此。

16.12

齊景公有馬千駟，死之日，民無德而稱焉。伯夷、叔齊餓於首陽之下，民到於今稱之。其斯之謂與？

譯文　齊景公有一千個四匹馬的車隊，去世那時，沒有甚麼好德行可以留給人民稱讚紀念。伯夷、叔齊，餓死首陽山下，人民到現在還敬佩他，就是這個意思了。

評講　此章恐怕原來上有所承，今已不可確考。

16.13

陳亢問於伯魚，曰：「子亦有異聞乎？」對曰：「未也。嘗獨立，鯉趨而過庭。曰：『學詩乎？』對曰：『未也。』『不學《詩》，無以言。』鯉退而學《詩》。他日又獨立，鯉趨而過庭。曰：『學禮乎？』對曰：『未也。』『不學禮，無以立。』鯉退而學禮。聞斯二者。」陳亢退而喜曰：「問一得三：聞《詩》，聞禮，又聞君子之遠其子也。」

譯文　陳亢問伯魚說：「你有（從父親孔子）聽到與別的學生不同的教訓嗎？」回答說：「沒有啊。曾經有次，父親獨自站立庭中，我急步走過，父親問我：『學《詩》沒有？』我說：『還沒有。』父親說：『不學《詩》，就不懂說話的藝術了。』我於是回去學《詩》。過了幾天，父親又一個人站在庭中，我又這樣急步走過，父親問我：『學禮沒有？』我說：『還沒有。』父親說：『不學禮，就不懂立足社會。』我於是回去學禮。父親教我的，就這兩件了。」

評講

陳亢回去，高興地說：「我問一件事，得到三個資訊：學《詩》的好處，學禮的意義，以及一個君子（宣行教導，）並不特別偏私自己兒子。」

孔子屢屢勉勵兒子好好學《詩》。成語「幼承庭訓」、《滕王閣序》「他日趨庭，叨陪鯉對」一句，都出於這個著名故事。孔子對學生往往同問異答，有人可能懷疑，孔子是否在親疏厚薄之間，有所偏私，所以他也表白：「吾無隱乎爾，吾無行而不與二三子者」（7.24），此處更見他教兒子教門徒，都是同一論點，深淺詳略，只是因材施教的不同適應而已。

16.14

邦君之妻，君稱之曰夫人，夫人自稱曰小童；邦人稱之曰君夫人，稱諸異邦曰寡小君；異邦人稱之亦曰君夫人。

譯文

國家領袖的妻子，君主稱她為「夫人」，夫人自稱為「小童」；本國人稱她為「君夫人」，對外國人稱她為「寡小君」；外國人稱她也叫「君夫人」。

評構

梁任公疑此章是後人利用竹簡所餘空白，補記禮制資料。駁此說者則謂《論語》竹簡依制遠短於六經，恐無餘地；且本章各種古本皆有，當非後人添入。

陽貨 第十七

17.1

陽貨欲見孔子，孔子不見，歸孔子豚。孔子時其亡也，而往拜之；遇諸塗。謂孔子，曰：「來！予與爾言。」曰：「懷其寶而迷其邦，可謂仁乎？」曰：「不可。好從事，而亟失時；可謂知乎？」曰：「不可。日月逝矣，歲不我與。」孔子曰：「諾。吾將仕矣。」

譯文

陽貨想要見孔子，孔子不去見他，他便送孔子一頭蒸熟的小豬（使孔子因為要依禮來道謝，便不能不見）。孔子看準他不在的時候，才去拜謝，怎知卻在路上剛好碰見了。陽貨便對孔子說：「你來，我跟你說。」又說：「懷抱着寶貴的才幹，卻聽任國家迷亂，可以說是仁德嗎？」（孔子沒有答，他自己）接着說：「當然不可以。喜歡做些事情，卻一次又一次錯失機會，可以說是智慧嗎？」（孔子又沒有答，他自己又）接着說：「當然也不可以。一天天，一月月，過去了，時間不能等待我們呀！」孔子（敷衍他）說：「好吧，我考慮考慮出來做官吧。」

評講　陽貨，就是陽虎，當時魯國的主政貴族季孫氏的管家，竊據權勢，作威作福，違禮亂法，時約四十七歲的孔子很不願意與他同流合污。所以禮貌地敷衍他。

17.2

子曰：「性相近也，習相遠也。」

譯文　孔子說：「人的天性，大家是差不多的，後來習染不同，距離便遠了。」

17.3

子曰：「唯上知與下愚不移。」

譯文　孔子說：「只有上等智慧和下等愚蠢兩類人，改變不了。」

評講　教育，有奇效，但並非全能；知命的孔子，並沒有說「人定勝天」。

17.4

子之武城，聞弦歌之聲。夫子莞爾而笑，曰：「割雞焉用牛刀？」子游對曰：「昔者偃也，聞諸夫子曰：『君子學道則愛人，小人學道則易使也。』」子曰：「二三子！偃之言是也。前言戲之耳！」

譯文　孔子到了（言偃子游作宰的）武城，聽到了（演習禮樂的）弦歌聲音，他微笑說：「宰雞罷了，用得着宰牛的大刀嗎？」（在這小小地方推行教化，不必管弦大樂隊吧？）子游答道：「從前我言偃聽過老師說：『有權力地位的君子，學了道理，就懂得愛護人民；平民百姓學了道理，就容易接受指揮，聽教聽話。』」孔子（便對其他門人）說：「同學們：言偃的話是對的。我剛才是跟他開玩笑罷了。」

評講　教育對甚麼人都重要，「讀書無用論」只顯現出論者的短視、封閉、愚蠢。

17.5

公山弗擾以費畔，召，子欲往。子路不說，曰：「末之也，已，何必公山氏之之也？」子曰：「夫召我者，而豈徒哉？如有用我者，吾其為東周乎？」

譯文 公山弗擾據有費地反叛魯國，召喚支持者，孔子想去。子路不高興，說：「沒地方去嗎？就算了吧！何必去公山氏那裏呢？」

孔子說：「對我呼召，難道是空口講白話嗎？如果真能給我施展抱負，我會讓文武成康之道，在東方興起！」

評講 《左傳》定公十二年（公元前498，孔子五十四歲）記「仲由為季氏宰，將墮三都（拆毀三桓貴族企圖割據的城堡）」，「公山不狃（即是『弗擾』？）」率費入襲魯。孔子時為司寇，敗之，並無「欲往公山之召」，所以歷來學者多疑此章所記，但亦有信此記而疑《左傳》者。

17.6

子張問仁於孔子。孔子曰：「能行五者於天下為仁矣。」「請問之。」曰：「恭、寬、信、敏、惠。恭則不侮，寬則得眾，信則人任焉，敏則有功，惠則足以使人。」

譯文 子張對孔子請教「仁」的問題。孔子說：「能在世間實行五種德行，就是『仁』的表現了。」

（子張說：）「請教導。」

孔子說：「恭、寬、信、敏、惠——（對人對事都）恭敬，就不會招致怠慢；寬厚，就得到群眾支持；誠信，人家就放心委任；勤敏，辦事就有效率；對人慈惠，就能夠指揮別人工作。」

評講

子張的宏觀，喜政治，孔子此處所教，亦重接物之要。

17.7

佛肸召，子欲往。

子路曰：「昔者由也聞諸夫子曰：『親於其身為不善者，君子不入也。』佛肸以中牟畔，子之往也，如之何？」

子曰：「然，有是言也。不曰堅乎，磨而不磷；不曰白乎，涅而不緇。吾豈匏瓜也哉？焉能繫而不食？」

譯文

佛肸呼召，孔子打算去。

子路說：「從前我啊，聽老師說：『親自做壞事的人，君子不到他那裏去。』（現在，）佛肸據着中牟而反叛，老師要到他那裏去，這是怎麼回事呢？」

孔子說：「是啊，是有這樣一句話——能不說『堅硬』嗎？磨也磨不碎！能不說『白』嗎？染也染不黑！——（我對自己有信心交待，對他人有應付原則。在可能範圍，總想濟世用世。）我難道是葫蘆瓜嗎？怎能光掛在那裏而不能吃？」

評講

「軍閥混戰」——不限於二十世紀的民初。「陪臣執國命」——春秋時代的常態。擅兵權者奪政權——孔子之世的現實。那時天下最強的晉國，勢在互攻相仇的六卿，趙氏挾晉侯勢而最強，范、中行，二家為其所逼，趙家邑宰佛肸遂挾所治中皐而抗趙氏即抗晉，故被視為反叛了。

「匏瓜」比喻，前人或解星宿之名，懸於天而不可食；或解味苦而只堪貯水或繫以渡水，甚至解為匏瓜無知之物，不如人之能自飲食者。至於不殫迂曲糾纏為孔子至聖至善作辯，更近辭費而可哂。至於「堅白」之論，後來公孫龍為名家，於是有人又據此證明本章論語為後世偽託。諸如此類，也難於考證了。

‖17.8

子曰：「由也，女聞六言、六蔽矣乎？」對曰：「未也。」「居！吾語女：好仁不好學，其蔽也愚；好知不好學，其蔽也蕩；好信不好學，其蔽也賊；好直不好學，其蔽也絞；好勇不好學，其蔽也亂；好剛不好學，其蔽也狂。」

譯文 孔子說：「仲由啊，『六種德目、六種偏差』，你聽過沒有？」答道：「沒有。」「坐下，我告訴你：喜好仁愛而不喜好學問，弊病是愚昧；喜好聰明而不喜好學問，弊病是游移而沒有方向與中心；喜好信實而不喜好學問，弊病是不知變通而害人害己；喜好率直而不喜好學問，弊病是迫切而不留餘地；喜好勇敢而不喜好學問，弊病是衝動闖禍；喜好剛強而不喜好學問，弊病是主觀太甚，自大狂妄。」

評講 真正的學問，使各種「過甚則弊」的美德，「互相效力」，構成完整的美好修養。

17.9

子曰：「小子何莫學夫《詩》？《詩》，可以興，可以觀，可以群，可以怨；邇之事父，遠之事君。多識於鳥獸草木之名。」

譯文 孔子說：「年輕人何不學習《詩三百篇》呢？學《詩》，可以觸景生情，可以看《詩》知情，可以溝通群情，可以抒發怨情（總之是很好的情感教育）；近的事奉家內父母，遠的對待外邊領袖，（這些都是好的教育訓練，並且起碼可以作為語文教育，）多認識一些鳥獸草木的名稱。」

評講 中國詩論，這是必然引述的經典之句。下一章，孔子勸勉兒子伯魚讀《詩》〈周

南〉〈召南〉，否則就變成「面牆而立」——寸步難行，一無所見。（參看〔16.13、17.10〕）

17.10

子謂伯魚曰：「女為〈周南〉〈召南〉矣乎？人而不為〈周南〉〈召南〉，其猶正牆面而立也與？」

譯文 孔子對（兒子）伯魚說：「你誦讀過、詠唱過（《詩三百》的開首兩部份：）〈周南〉〈召南〉嗎？人而不讀不唱〈周南〉〈召南〉那些詩篇，就等於面對牆壁直晃晃那麼呆站着看不見前景、走不開一步呢！」

評講 〔16.13〕伯魚答陳亢，所謂「趨庭鯉對」的故事，孔子之教：「不學《詩》，無以言」——缺乏配合音樂的詩歌語文教育修養，不只走步不開、景觀不見，甚至有口難開呢！

17.11

子曰：「禮云，禮云，玉帛云乎哉？樂云，樂云，鐘鼓云乎哉？」

譯文 孔子說：「所謂禮啊！禮啊！難道就是玉帛之類物品嗎？所謂樂啊！樂啊！難道就是鐘鼓之類器具嗎？」

評講 參看〔3.3〕。

17.12

子曰：「色厲而內荏，譬諸小人，其猶穿窬之盜也與？」

譯文 孔子說：「神色兇兇的，內心怕怕的，用小人物來比喻，就是鑽洞行竊的小蟊賊了！」

評講 《莊子．胠篋》篇盜跖說：猜測室中之藏是「聖」，入先是「勇」，出後是「義」，所知道可不可以下手是「智」，分贓公平是「仁」，五者不備，不能成為大盜，所以「盜亦有道」。而這些勇、義、智、仁等等，所謂聖人之道，不過適足以成就大盜而已——這種似嬉笑而實在沉痛，終之變成虛無頹廢的論調，對立競爭了二千五百年的儒家之徒，怎樣反辯、化解？

17.13

子曰：「鄉原，德之賊也。」

譯文　孔子說：「鄉里地方上的所謂『老好人』，往往是仁德的大害蟲啊！」

評講　「鄉原」又作「鄉愿」。（「愿」音「願」，就是外貌老老實實，謙謙和和的樣子。）就是和稀泥、老滑頭，沒有真正的、嚴肅的是非觀念，只知為生存而生存，沒有把柄給人抓住，做牆頭草，絕不會「當仁不讓」「見義勇為」，只恐怕「槍打出頭鳥」，於是「閹然媚於世」。《孟子》最後次節，《盡心．下》篇答弟子萬章之問，解釋得很詳明：

非之，無舉也；刺之，無刺也；同乎流俗，合乎污世，居之似忠信，行之似廉潔，眾皆悅之，自以為是，而不可與入堯舜之道。

當然，「自我保護」是動物本能；但人類社會文化價值，就在建立機制，讓更多人可以講說真話，伸張正義，不做鄉愿，做真君子。

17.14

子曰：「道聽而塗說，德之棄也。」

譯文　孔子說：「大路上聽到的東西，（不細想、不選擇、不審判，就立即）到其他街街巷巷上亂傳亂講，這樣的作風，真是品德上的垃圾！」

評講　塗，即途。喜歡二手傳播的人，真要戒造口孽。

17.15

子曰：「鄙夫可與事君哉！其未得之，患得之；既得之，患失之。苟患失之，無所不至矣。」

譯文　孔子說：「鄙陋的人，可以和他同事人君嗎？還沒得到機會，就擔心得不到；已經得到，又擔心失去——一擔心失去，就甚麼都做得出了！」

評講　《老子》：「寵辱若驚，貴大患若身。」「得之若驚，失之若驚」（王弼注本第十三章），儒、道宗師，都如此洞察人性。「患得之」，當解「患不得之」。

17.16

子曰：「古者民有三疾，今也或是之亡也。古之狂也肆，今之狂也蕩；古之矜也廉，今之矜也忿戾；古之愚也直，今之愚也詐而已矣。」

譯文　孔子說：「古代人有三種毛病；現在嘛，或者連這些病都沒有了！——古人的『狂』病是放肆極意，今人的『狂』病是毫無根據的亂說亂動。古人的『矜』病是方正狹窄，今人的『矜』病是蠻惡暴戾。古人的『愚』病是蠢笨率直，今人的『愚』病是以為欺詐萬能，以為一手真的可以掩盡天下人的耳目！」

17.17

子曰：「巧言令色，鮮矣仁。」

評講　本章重出，已見《學而》〔1.3〕。

17.18

子曰：「惡紫之奪朱也，惡鄭聲之亂雅樂也，惡利口之覆邦家者。」

譯文　孔子說：「我們就討厭紫色排擠了正紅，討厭放蕩的歌聲擾亂了正統音樂，討厭巧嘴利舌覆滅了家族與國邦！」

17.19

子曰：「予欲無言。」子貢曰：「子如不言，則小子何述焉？」子曰：「天何言哉？四時行焉，百物生焉；天何言哉？」

譯文 孔子說：「我想不說話了。」子貢說：「老師如果不說話，我們這些後生傳述些甚麼呢？」孔子說：「上天說甚麼話呢？四季（照樣地）運行，萬物（自然地）生長，上天說甚麼話呢？」

評講 高妙的道理，不完全是言語所能表達。自然規律的觀察與把握，實際行為的配合與印證，比言語更重要。

17.20

孺悲欲見孔子。孔子辭以疾。將命者出戶，取瑟而歌，使之聞之。

譯文 孺悲想見孔子，孔子以有病來推辭他。傳話的人出門，孔子就拿瑟來彈，一面歌唱，故意讓孺悲聽到。

評講 有人解釋，這就是《孟子·告子下》篇所謂「不屑教誨」，也就是另一種教誨，讓對方自己反省。也有人說，這是後人傳述失真。這種做法，不像是孔子平時的作風。

宰我問三年之喪。「期已久矣！君子三年不為禮，禮必壞；三年不為樂，樂必崩。舊穀既沒，新穀既升；鑽燧改火，期可已矣！」子曰：「食夫稻，衣夫錦，於女安乎？」曰：「安。」「女安則為之。夫君子之居喪，食旨不甘，聞樂不樂，居處不安；故不為也。今女安，則為之。」宰我出。子曰：「予之不仁也！子生三年，然後免於父母之懷。夫三年之喪，天下之通喪也。予也，有三年之愛於其父母乎？」

譯文

宰我問父母去世後子女守喪三年的禮制，說：「一年已經很久了！三年不習禮儀，禮儀一定散亂；三年不習音樂，音樂就荒廢了。（一年了！）舊穀都已吃完，新穀又已登場；取火所鑽的木，都已依季候而轉過幾次，一年都已經夠長久了！」

孔子說：「（喪期未完，你便）照吃稻米，照穿錦衣，心裏安樂嗎？」

答道：「安！（有甚麼不安的？）」

「你安樂，那就去做。說起來，一個君子守喪，（心情應該是惡劣的，）美味的食物，吃來不覺得可口；聽音樂，不覺得快樂；住在家裏，也不安適。所以就不做這些事情了。現在既然你覺得心安，就去做吧。」

宰我離開了，孔子歎氣說：「宰予真不仁愛呀！兒女生下來，三年以後才開始可以

（自己行走）脫離父母的懷抱，所以，替父母守喪三年，天下都這樣了。宰予啊！對他父母也領受過三年之愛嗎？」

評講 一場師生間有關「三年之喪」的辯論，實在各有理據。宰我從生活現實出發，振振有辭；孔子就指出禮制的情感基礎和人性自覺的原動力所在。「理得」在於「心安」，強制性的行為禮俗，自然不得長久。從孔子師徒的時代以至今日，現實的情況就是如此，不過歷史與現實也告訴我們：感恩報本的教育越不講，世間的冷漠涼薄就越甚，人類生存的意義，也就大成疑問，不要說文明進步了。上古鑽木取火，四季取不同的樹木，春則榆柳，夏則棗杏，夏末則桑柘，秋則柞楢，冬則槐檀。一年一次輪替。

17.22

子曰：「飽食終日，無所用心；難矣哉！不有博弈者乎？為之猶賢乎已！」

譯文 孔子說：「整天吃得飽飽，甚麼腦筋也不動，真難辦啊！不是有人用棋藝比賽之類來消遣嗎？幹幹這些玩意，還比較好！」

17.23

子路曰：「君子尚勇乎？」子曰：「君子義以為上。君子有勇而無義，為亂；小人有勇而無義，為盜。」

譯文　子路問：「君子崇尚勇敢嗎？」孔子説：「君子把正義看做最高原則。大人物有勇而無義，就會（憑地位）為非作亂；小人物有勇而無義，就會（找機會）去偷去竊。」

17.24

子貢曰：「君子亦有惡乎？」子曰：「有惡。惡稱人之惡者，惡居下流而訕上者，惡勇而無禮者，惡果敢而窒者。」曰：「賜也亦有惡乎？」「惡徼以為知者，惡不孫以為勇者，惡訐以為直者。」

譯文　子貢問：「君子也有討厭的東西嗎？」孔子説：「有，討厭稱揚別人的惡事，討厭在下位而譭謗上級，討厭勇而無禮的人，討厭果敢而固執不通的人。」孔子又問：「賜啊，你也有討厭的東西嗎？」（子貢答道：）「我討厭把別人的小聰明偷為己有的，討厭把不謙遜當成勇敢的，討厭把攻擊私隱作為正直的！」

評講　原文逢「惡」字解憎厭者，讀烏去聲，解罪過者讀入聲。下流的「流」字，唐以前本無之。

17.25

子曰：「唯女子與小人為難養也——近之則不孫，遠之則怨。」

譯文 孔子說：「只有婦女和庸俗愚陋的人是難於教養的了！接近，他們就無禮；疏遠，就怨恨！」

評講 《論語》孔子的話中，這句惹起的反感應該不下——甚至多於——「民可使由之，不可使知之」的了！人們——尤其是女性——從前多數只能腹誹，如今早已公開抗議，連同《禮運．大同》篇那句「男有分，女有歸」，不要說激烈的婦女解放運動分子，連心中認為或者口頭表示兩性平等的男人，都覺得孔子講錯話了！

當然，孔子不是神，記錄孔子話語的更不是神，《論語》中不能每句話都絕對、永遠正確，更不能所有講法都盡如人意。一位人物和言論的評價，就既要看整體，也要看個別言行的境況和正確解釋了——當然，譬如《泰伯》篇〔8.20〕一句，(周）武王曰：「予有亂臣十人」——「亂臣」，就是撥亂致治的大臣，這句話也見於《尚書．泰誓》篇。「十人」，包括了周公旦、太公望、散宜生等，和武王母親太姒。孔子說：「有婦人焉，九人而已。」〔8.20〕要罵孔子的更加可以振振有辭了——你看：連有大功的「名媽」，也不算是「人」呢！

或者我們更為平心靜氣一下看看問題。

首先，「女子」與「小人」對舉，可見已經表示並非一物，否則也不必同列了。這是粗淺的邏輯；

其次，當時所謂「小人」，是貴族政治還未完全崩潰之時，沒有機會受教育，更不能參與政治的僕隸下人之類。《論語》之中，君子、小人之別，往往是以地位而分，並非以品德為別，這也是訓詁的常識了；

第三，原文「女子」「小人」所同，只是「難養」即「不易相處」「難以應付」之意，從一個角度看：人之相處，從來就可易可難，異性和教育、職位懸殊者之間，更常因缺乏共同語言而滋生惡感、誤會。從另一角度看：孔子限於時代，不及見到後世白衣卿相，透過科舉考試，「小人」也可變成大官，更不及見清末民初漸漸振興婦女教育以來，許多遠勝普通男子，而一般也不在男人之下的婦女。

更想不到：廿一世紀開始不久，讀《論語》有心得，通過大眾傳媒昭告天下，成就大名的于丹，也是一位女子。

最後：即使孔子講錯了，或者傳述者記錯了，「如日月之蝕焉，其過也，人皆見之。」〔19.21〕今之子貢，無分男女，大概也同意吧？

子曰：「年四十而見惡焉，其終也已。」

譯文 孔子說：「已經四十歲了，還被人討厭，也就完了！」

評講 「四十」真是一個關。現代以「青年」為號召的工商社交組織以此齡為限。孔子的體驗：「四十而不惑」〔2.4〕，「四十五十而無聞焉，斯亦不足畏也矣！」〔9.23〕未到四十者，應該在「志學」「而立」的基礎上奮進，已過四十的人，「東隅已逝，桑榆非晚」，加緊努力補救，歷「知命」「耳順」以至「從心所欲不踰矩」〔2.4〕，也並非來不及吧。

微子 第十八

18.1

微子去之，箕子為之奴，比干諫而死。孔子曰：「殷有三仁焉。」

譯文 （商紂昏暴，他的三位叔父都反對他：）微子（抱着祭祀祖先的禮器而）離開了他。箕子（諫而不聽，披髮佯狂）自降為奴。比干直諫不已，（觸怒他而被剖心）慘死。孔子說：「殷商（最後）有三位（從不同途徑、不同方式體現生命意義的）仁人志士。」

18.2

柳下惠為士師，三黜。人曰：「子未可以去乎？」曰：「直道而事人，焉往而不三黜？枉道而事人，何必去父母之邦？」

譯文　柳下惠做司法官，三次被罷免。有人說：「你未可以離開嗎？」他答道：「以正直之道對待人，到哪裏去不三次（以至多次）被免職？（如果）以不當之道對待人，又何必離開祖國？」

評講　不愧孟子稱之為「聖之和者」。

‖18.3

齊景公待孔子曰：「若季氏，則吾不能；以季孟之間待之。」曰：「吾老矣，不能用也。」孔子行。

譯文　齊景公論到對待孔子，說：「像（魯國）對待季氏那尊禮的級數，我做不到；以季氏和孟氏之間的待遇吧。」（後來）又說：「我老了，不能用（他）了。」孔子就離開。

評講　魯昭公二十五年（公元前517，孔子三十五歲）與三桓貴族相攻而敗，奔齊，孔子隨之（「過泰山側」「聞韶」等事，即在此時）。景公問政，答以「君君臣臣父父子子」，欲用孔子，晏嬰認為儒者自尊而崇喪重禮，不可以領導細民、移齊風俗，阻之。次年，孔子返魯。見《史記．孔子世家》。

18.4

齊人歸女樂。季桓子受之。三日不朝，孔子行。

譯文　齊國贈送一個美女歌舞樂團，（魯國執政的）季桓子接受了，一連幾天不上朝，孔子就離開魯國。

評講　「吾未見好色如好德者也。」〔9.18〕生物本能，自然強於人類特有的道德自覺，「已矣夫！」〔15.13〕沒辦法。

18.5

楚狂接輿，歌而過孔子曰：「鳳兮！鳳兮！何德之衰？往者不可諫，來者猶可追。已而！已而！今之從政者殆而！」孔子下，欲與之言；趨而辟之，不得與之言。

譯文　楚國那位隱士、狂狂放放的接輿，一面唱歌，一面走過孔子，說：「鳳凰啊！鳳凰啊！你的活力為何如此衰頹？過去的，不可以勸阻了；未來的，仍然可以追。算了吧，算了吧！現在搞政治的，危險啊！危險啊！」孔子下來，想同他說話，他急急走避開了。孔子沒辦法跟他講。

評講

《論語》所記諷勸孔子師生不必熱心用世的幾位隱士，都沒有名字，只用他當時的工作之類為稱，（以下幾則皆然。）「接輿」，大抵是替人迎接車輛、扶人下車之類工作，即如守門、屠豕、耕種之類，都是隱士自藏之所。

德：品性、能力、作用之意。

18.6

長沮、桀溺耦而耕。孔子過之，使子路問津焉。長沮曰：「夫執輿者為誰？」子路曰：「為孔丘。」曰：「是魯孔丘與？」曰：「是也。」曰：「是知津矣。」問於桀溺，桀溺曰：「子為誰？」子路曰：「為仲由。」曰：「是魯孔丘之徒與？」對曰：「然。」曰：「滔滔者，天下皆是也。而誰以易之？且而與其從辟人之士也，豈若從辟世之士哉？」耰而不輟。子路行以告。夫子憮然曰：「鳥獸不可與同群，吾非斯人之徒與，而誰與？天下有道，丘不與易也。」

譯文

長沮（一腳泥的高個子）、桀溺（渾身濕透的大塊頭）兩個人合作翻土耕田。孔子經過，叫子路問問他們：渡頭在哪裏。長沮（問子路）說：「那個駕車的人是誰？」子路說：「是孔丘。」「是魯國那個孔丘嗎？」「是啊。」「（他不是很有學問的人嗎？）那麼，應該知道渡頭在哪裏了！」

子路去問桀溺，桀溺說：「你是誰？」「是仲由。」「是魯國那個孔丘的門徒吧？」「是的。」「（唉，我告訴你：）洪水滔滔，到處橫流；天下的執政掌權人物，都是一樣貨色，又有誰能改變它呢？而且，與其跟從（你老師那樣）逃避壞人的人，為甚麼不跟從（我們這類）逃避濁世的人呢？」一面說，一面不停地用泥土覆蓋剛撒下的種子。

子路回來，告訴孔子。孔子悵惘地說：「我們既然不可以和鳥獸共處，不與人相處，又同誰相處呢？如果天下清平，我就不必（聯同你們一道）去改革了！」

評講

辟，即避。隱士苟全性命於亂世，高潔而自私；仁者不棄眾生，不計本身利害，總求福國利民，這是儒道兩家相異之處，也是孔孟聖賢偉大之處。

18.7

子路從而後，遇丈人以杖荷蓧。子路問曰：「子見夫子乎？」丈人曰：「四體不勤，五穀不分，孰為夫子？」植其杖而芸。子路拱而立。止子路宿。殺雞為黍而食之；見其二子焉。明日，子路行以告。子曰：「隱者也。」使子路反見之。至，則行矣。子路曰：「不仕無義。長幼之節，不可廢也；君臣之義，如之何其廢之？

欲潔其身，而亂大倫。君子之仕也，行其義也。道之不行，已知之矣！」

譯文

子路跟從孔子走路，墮在後面，碰見一位老人，用拐杖擔着除草工具。就問他：「先生看見老師嗎？」老翁說：「老師？誰是老師？四肢不去勤勞，五穀不能分別，配稱為老師嗎？」說着，把拐杖豎插在地上，除起草來，子路（恭敬地）拱手站在一邊。老翁（見他謙謹，天色又晚了）便挽留子路到家裏歇宿，宰雞弄飯款待他，還叫兩個兒子見見他。

第二天，子路趕上了孔子，告訴了一切。孔子說：「是隱者啊！」叫子路再去見他，老翁卻已經離開了。

子路說：「不出身做官，就是不負社會義務。（我對老翁恭敬，老翁的兒子對我恭敬，這都是）長幼間的禮節不可廢棄，君臣間的大義，又怎可以不講呢？（他們這些隱士，）要自己高潔，卻擾亂了社會的重大倫常。君子出身做官，是要履行自己的社會責任，至於大道不行，重重困阻，這是早有心理準備的了！」

評講

「四體不勤，五穀不分」，以往學者亦有以為丈人自述，朱子等多數解經家則以為責子路不事農業而從師遠遊。當時貴族政治漸壞，平民之不甘食貧者往往學優登仕，展其驥足。至於厭倦政治，歸耕自隱者，既有反智識、反文化傾向，又每視脱離農村、立談而取富貴者為不耕而食、不織而衣的寄生者。丈人所譏，實不止子路而已。後來《孟子》所記「有為神農之言者許行」，主張君臣並耕，不應「厲民而自養」，亦近此種思想。

18.8

逸民：伯夷、叔齊、虞仲、夷逸、朱張、柳下惠、少連。子曰：「不降其志，不辱其身，伯夷、叔齊與！」謂：「柳下惠、少連，降志辱身矣，言中倫，行中慮，其斯而已矣。」謂：「虞仲、夷逸，隱居放言，身中清，廢中權。我則異於是，無可無不可。」

譯文

永離官場的不凡人物：伯夷、叔齊、虞仲、夷逸、朱張、柳下惠、少連。孔子說：「不降低自己的心志，不辱沒自己的身份，是伯夷、叔齊兄弟了！」又說：「柳下惠、少連，降低心志，辱沒身份了，（不過，）言語合乎規矩，行為經過考慮，是這樣也差不多了！」又說：「虞仲、夷逸，避世隱居，言論放肆，身份保持清白，退隱合乎權宜通變。——我呢，和他們都不同，——無可無不可。」

評講

儒家一滑就可能變成道、佛，所以，「可否」的層次之上，還有個更高的「篤信好學，守死善道。」（《泰伯》〔8.13〕）

首先：「無可無不可」五個字，淺白簡潔而又靈巧，從孔子到今二千五六百年，仍然繼續在漢語中鮮活下去，籠統把文言一棒打為「死文字」者似乎可以休矣！其次，孔子「知命守義」「志道據德，依仁游藝」是不變的「經」，「可以速而速，可以久而久，可以處而處，可以仕而仕」是可變的「權」——這四個「可以」出於「願學孔子」而且歷來被推為「亞聖」的孟子——《萬章・下》第一章：

> 孟子曰：「伯夷，目不視惡色，耳不聽惡聲。非其君不事，非其民不使。治則進，亂則退。橫政之所出，橫民之所止，不忍居也。思與鄉人處，如以朝衣朝冠坐於塗炭也。當紂之時，居北海之濱，以待天下之清也。故聞伯夷之風者，頑夫廉，懦夫有立志。」
>
> 「伊尹曰：『何事非君？何使非民？』治亦進，亂亦進，曰：『天之生斯民也，使先知覺後知，使先覺覺後覺。予，天民之先覺者也。予將以此道覺此民也。』思天下之民匹夫匹婦有不與被堯舜之澤者，若己推而內之溝中：其自任以天下之重也。」
>
> 「柳下惠不羞汙君，不辭小官。進不隱賢，必以其道。遺佚而不怨，阨窮而不

憫。與鄉人處，由由然不忍去也。『爾為爾，我為我，雖袒裼裸裎於我側，爾焉能浼我哉？』故聞柳下惠之風者，鄙夫寬，薄夫敦。」

「孔子之去齊，接淅而行；去魯，曰：『遲遲吾行也，去父母國之道也。』可以速而速，可以久而久，可以處而處，可以仕而仕，孔子也。」

孟子曰：「伯夷，聖之清者也；伊尹，聖之任者也；柳下惠，聖之和者也；孔子，聖之時者也。孔子之謂集大成。」

18.9

大師摯適齊，亞飯干適楚，三飯繚適蔡，四飯缺適秦，鼓方叔入於河，播鼗武入於漢，少師陽、擊磬襄入於海。

譯文 樂官長摯去了齊，次級干去了楚，三級繚去了蔡，四級缺去了秦，鼓樂的方叔入了黃河流域，搖小鼓的武入了漢水地區，副樂師陽㣫惠、擊磬襄，到了海濱。

評講 宮廷樂師伴王侯而演奏，故有「亞飯」「三飯」等次。此章所記從魯國流散四方的樂師實況如何？已難確考，有人說是禮壞樂崩，也可理解為貴族藝術隨社會變動而在民間流播。

18.10

周公謂魯公曰：「君子不施其親，不使大臣怨乎不以。故舊無大故，則不棄也。無求備於一人！」

譯文　周公旦對兒子魯公伯禽說：「君子不鬆懈親族聯繫，不讓大臣抱怨不當他是一回事。舊部屬沒有大過失，就不要放棄，不可對個別人員期望過高，求全責備。」

評講　重人情、顧親屬，自古以來中華文化特色；「用人唯親」「情重於理、法」的偏差流弊，如今也是世所共見。《中庸》論「天下國家有九經」，以「親親」和「尊賢」為首，但這兩者最後必有矛盾，難以根本消除。

「施」，舊文或作「弛」字。

18.11

周有八士：伯達、伯適、仲突、仲忽、叔夜、叔夏、季隨、季騧。

評講　（本章人物今不可考，前人以八名四對，伯仲叔季為序，且兩兩叶韻，謂為四對雙生兄弟云，是否孔子之言，亦不可知。《論語》近末，多疑似附屬資料，此或亦一例。）

子張 第十九

19.1

子張曰：「士見危致命，見得思義，祭思敬，喪思哀，其可已矣。」

譯文　子張說：「士人見到危難，可以奉獻生命；見到得益，思考是否正義；祭祀想到恭敬；守喪想到哀傷，那就可以了。」

評講　子張志高氣廣，所以曾子說：「堂堂乎張也，難與並為仁矣！」

19.2

子張曰：「執德不弘，信道不篤，焉能為有？焉能為亡？」

譯文　子張說：「把持道德不寬廣，信仰真理不堅實——這樣的人，怎能算他存在？又怎能算他不存在？」

評講

人為萬物之最靈秀者，故有不甘與草木同腐之志，有「疾沒世而名不稱焉」（《衛靈公》〔15.20〕）。

19.3

子夏之門人，問交於子張。子張曰：「子夏云何？」對曰：「子夏曰：『可者與之，其不可者拒之。』」子張曰：「異乎吾所聞。君子尊賢而容眾，嘉善而矜不能。我大賢與？於人何所不容？我不賢與？人將拒我，如之何其拒人也！」

譯文

子夏的門人，請教子張有關交友的問題。子張說：「子夏怎講？」答道：「子夏教我們：『值得結交的就結交，不值得的，就拒絕。』」子張說：「我（從孔子）所聽到的就不同了。君子尊重賢人，卻也寬容大眾；讚美善行，但也憐恤能力不足的人。（所以）我如果是大賢人嘛，對人有甚麼不能容納呢？我如果不賢嘛，人家會拒絕我了，我還能拒絕人呢？」

評講

子夏沉潛而力個人德業，子張高明而重政治協調，性格與主張難免有異。此處子張的推理，是一個邏輯學上的「兩難論法」。也可見孔門高弟，各忠所知，並不避免在「師姪」之前，表白異見。當然，在過重「人情」和「面子」的傳統中國社會，有人會主張：說得更委婉一點吧。

19.4

子夏曰：「雖小道，必有可觀者焉。致遠恐泥，是以君子不為也。」

譯文　子夏說：「即使小技小藝，一定也有可以看看的地方。不過，有志於遠大事業，就恐怕它拖慢了腳步，所以君子就不做了。」

評講　《漢書・藝文志・諸子略》論最末的「小說家者流」，就是用「致遠恐泥」的觀點——人陷足泥中，不是舉步維艱嗎？

19.5

子夏曰：「日知其所亡，月無忘其所能，可謂好學也已矣。」

譯文　子夏說：「每天知道自己所沒有的，一個月下來，所學所得沒有一刻忘記，可以稱為喜好學問了！」

評講　清初大儒顧炎武（亭林）名著《日知錄》，即取義於此。

19.6

子夏曰：「博學而篤志，切問而近思；仁在其中矣。」

譯文　子夏說：「廣泛學習，堅定方向，準確中肯地發問，接近、圍繞着問題中心而思考；仁的修養，也在其中了。」

評講　朱熹四十六歲，與呂祖謙編集周敦頤、張載、程顥、程頤四位理學家言論精要為《近思錄》，作為歷四子以達六經之階梯，其後七百年為儒者必讀之書，其名即取義於此。

19.7

子夏曰：「百工居肆以成其事，君子學以致其道。」

譯文　子夏說：「各行各業的工匠聚居店肆，完成業務；君子（師友）共學，以達成品學修養。」

19.8

子夏曰：「小人之過也，必文。」

譯文　子夏說：「小人犯了過失，一定掩飾。」

評講　因此，「文過飾非」，就變了成語。

19.9

子夏曰：「君子有三變：望之儼然，即之也溫，聽其言也厲。」

譯文　子夏說：「君子給人觀感，有三個層次：遠望他，莊重嚴肅；親近他，溫和親切；聽他講話，暢利精深、提挈精神。」

19.10

子夏曰：「君子信而後勞其民；未信，則以為厲己也。信而後諫；未信，則以為謗己也。」

譯文　子夏說：「君子有了公信力，然後勞動老百姓；否則，就被認為傷害自己。（君子）得到信任，然後諫諍；否則，就被認為是譭謗自己。」

19.11

子夏曰：「大德不踰閑，小德出入可也。」

譯文 子夏說：「重要的德行，不能超越界限，德行上的小節嘛，放鬆一點也沒有關係了。」

評講 閑，門室內外的關防界限。甚麼是「大」？甚麼是「小」？兩者中間一定有「灰色地帶」，所以嚴肅謹慎的人會說：「此章之言，不能無弊」（朱熹《集注》引吳氏說），大抵講這話的不是孔子而是子夏吧，所以早年香港大學的嵌字門聯也說：「大德不踰，行為世法；學古有獲，業精於勤。」

19.12

子游曰：「子夏之門人小子，當灑掃應對進退，則可矣，抑末也。本之則無，如之何？」

子夏聞之，曰：「噫！言游過矣！君子之道，孰先傳焉？孰後倦焉？譬諸草木，區以別矣。君子之道，焉可誣也？有始有卒者，其惟聖人乎！」

譯文 子游說：「子夏的門人、後生小子們，做些灑水掃地、應對問答、進退接待之類小事，大概可以罷，不過這些都是微末小事。根本的學問沒有，怎辦呢？」

子夏聽到了，就說：「哎，言子游講錯了！君子的學問，哪科先教？哪種最後結束？譬如草木生長，由根苗莖幹到枝葉花果，當然有本末層次了。君子之道，怎能乖曲胡混呢？有始有終，次第分明，這才是聖人之學啊！」

評講 「文學：子游子夏」——孔門高弟，游、夏二子範疇本近，而氣質才性不同，游則高明亢爽、南下楚吳，夏則沉潛細密，因受知當時名主魏文侯斯，壽又極長，所以日後漢儒傳經多屬子夏一系。

19.13

子夏曰：「仕而優則學，學而優則仕。」

譯文 子夏說：「在政府工作有成績，最好繼續進修；進修工作做得好，可以加入政府。」

評講 自唐至清的科舉，制度化了下句的理想；不過，當「考試」成了敲門磚，「做官」重要於「做事」，上句就成了大多數人的空談了。現代政府以至專業組織，亦鼓勵亦強逼的在職進修，當然是一大進步。

19.14

子游曰：「喪致乎哀而止。」

譯文　子游說：「喪葬之禮，充分表達了（由衷的）哀傷，也就夠了。（不必努力鋪排，刻意造作。）」

19.15

子游曰：「吾友張也為難能也，然而未仁。」

譯文　子游說：

（一解）：「我的朋友子張，真是難得的俊偉，然而未能用力仁德。」

（或解）：「我之所以結交子張，以其才難得，但我則難及其仁。」

評講　二說相距過遠，又皆有未安，難知孰是，不敢強解。

19.16

曾子曰：「堂堂乎張也，難與並為仁矣。」

譯文　曾子說：「儀表堂皇啊子張！（可惜）難以和他一同實行仁道了！」

19.17

曾子曰：「吾聞諸夫子：人未有自致者也，必也親喪乎！」

譯文　曾子說：「我聽老師說過：人未有自動盡情表露本身感情的，如果有，一定是父母喪葬的時候吧！」

19.18

曾子曰：「吾聞諸夫子：孟莊子之孝也，其他可能也；其不改父之臣與父之政，是難能也。」

譯文　曾子說：「我聽老師說過：孟莊子的孝道表現，其他方面別人可能做到；他繼續任用父親部下，施行父親舊政，卻是難得的了。」

評講　「難能」，是在於孝思的真切與保守的用力，但真的「可貴」，更在於父親的「臣」與「政」確實良好。否則，陳陳相因，蔽陋久而益甚，家道甚至國運衰而終頹，有何足道？

19.19

孟氏使陽膚為士師，問於曾子。曾子曰：「上失其道，民散久矣。如得其情，則哀矜而勿喜！」

譯文　孟孫氏使（曾子門人）陽膚做司法官員，請問曾子的意見。曾子說：「在上位者領導失當，人民散漫違法失控許久了！如果知道情況真相，應當哀憐矜惜，而不會喜悅高興！」

19.20

子貢曰：「紂之不善，不如是之甚也。是以君子惡居下流，天下之惡皆歸焉。」

譯文　子貢說：「商紂的壞處，不如傳說上這麼嚴重吧。所以君子厭怕居於像一切污水所聚的下流，天下的壞事，都歸到他那裏去了！」

評講　所以孟子也說：「盡信《書》，則不如無《書》。」（《盡心・下》）

19.21

子貢曰：「君子之過也，如日月之蝕焉。過也，人皆見之；更也，人皆仰之。」

譯文　子貢說：「君子犯了錯，就像日蝕月蝕，（是難免的，不過也是可以恢復的。）當他犯錯的時候，人人都看見；當他恢復完美的時候，人人都欣賞。」

評講　子貢說：「仲尼，日月也」〔19.24〕，不過日月都有偏蝕，甚至全蝕。所以，此後二千五百多年，還有擬人為神之事，真是不讀《論語》——至少是不善讀書——之過。

19.22

衛公孫朝問於子貢，曰：「仲尼焉學？」子貢曰：「文、武之道，未墜於地，在人。賢者，識其大者；不賢者，識其小者；莫不有文、武之道焉。夫子焉不學？而亦何常師之有？」

譯文　衛國（大夫）公孫朝問子貢，說：「仲尼的學問從哪裏得來？」子貢說：「文王、武王的大道（周朝禮樂文化的開國規模），並沒有徹底崩壞到像天上墜到地下，它還在人間實施着、流行着。才德高的，認識它的重點；才德低的，認識它的枝節；沒有地方沒有文、武之道呀。老師甚麼不學呢？又為甚麼永遠只從一處學習呢？」

評講　「學無常師」，道在即是；「先立其大」，器識為要。這是真正的孔門之教。

19.23

叔孫武叔語大夫於朝曰：「子貢賢於仲尼。」子服景伯以告子貢。子貢曰：「譬之宮牆：賜之牆也及肩，窺見室家之好。夫子之牆數仞，不得其門而入，不見宗廟之美，百官之富。得其門者，或寡矣。夫子之云，不亦宜乎？」

譯文　（魯國大夫）叔孫武叔在朝堂上對大家說：「子貢比仲尼強。」子服景伯把這話告訴子貢。子貢說：「譬如房子的圍牆吧：我的牆只有肩膊那麼高，（在外邊可以）窺看到家室的美好。老師的牆卻有幾丈高，找不到門口進去，就看不到宗廟的宏偉和各種房舍的多姿多彩。不過，能找到門口的，或者不多了。叔孫先生的講法，不也是很自然嗎？」

評講　仞：七尺。周朝時的長度，約相當於今日1.6米。

偉人的不易了解、子貢對孔子的崇敬、評論措辭的巧妙得體，都於此可見。李澤厚認為他最可愛。

19.24

叔孫武叔毀仲尼。子貢曰：「無以為也。仲尼不可毀也！他人之賢者，丘陵也，猶可踰也；仲尼，日月也，無得而踰焉。人雖欲自絕，其何傷於日月乎？多

見其不知量也！」

譯文　叔孫武叔譭孔子。子貢說：「不要這樣做吧。仲尼老師是譭謗不了的。別人的賢能，好比丘陵吧，還可以超越過去；仲尼老師，卻簡直是太陽、月亮，是沒辦法超越的。人縱然想自己和太陽、月亮隔絕，那對太陽、月亮有甚麼傷害呢？只表示他自己不知高低輕重罷了！」

評講　子貢善於言語，學成後在商業和國際外交極有成就，對恩師孔子的敬愛卻一點不變。孔子卒後，他與同學們結廬墓旁守喪三年，之後，他獨自又再守三年，實在誠篤可風。當然，把崇敬的人公開比擬為不可踰越的太陽、月亮，在今日是很少了。

19.25

陳子禽謂子貢曰：「子為恭也，仲尼豈賢於子乎？」

子貢曰：「君子一言以為知，一言以為不知，言不可不慎也。夫子之不可及也，猶天之不可階而升也。夫子之得邦家者，所謂立之斯立，道之斯行，綏之斯來，動之斯和。其生也榮，其死也哀，如之何其可及也？」

譯文

陳子禽對子貢說：「您這是對老師恭敬罷了！仲尼怎會比您還好呢？」

子貢說：「君子一句話便表現了有識，一句話也便表現了無知，話不可以不謹慎說啊！老師之不可以被人們趕上，猶如天之不可以用階梯爬升。老師如果得到封國、采邑，做諸侯、卿大夫，他要建立的就建立，領導的就推行，安撫的就歸來，動員的就協和。老師他的在生滿有光榮，他的去世令人哀傷，我怎能趕得上呢？」

評講

本篇各章，皆記弟子之言，以子夏為多，子貢次之。

堯曰 第二十

20.1

堯曰：「咨！爾舜！天之曆數在爾躬，允執其中。四海困窮，天祿永終。」舜亦以命禹。

曰：「予小子履敢用玄牡，敢昭告于皇皇后帝：有罪不敢赦。帝臣不蔽，簡在帝心。朕躬有罪，無以萬方；萬方有罪，罪在朕躬。」

周有大賚，善人是富。「雖有周親，不如仁人。百姓有過，在予一人。」

謹權量，審法度，修廢官，四方之政行焉。興滅國，繼絕世，舉逸民，天下之民歸心焉。

所重：民、食、喪、祭。

寬則得眾，信則民任焉（此五字衍文），敏則有功，公則說。

譯文

帝堯（禪讓致辭）說：「你舜！注意：天的曆數安排，現在臨到你身躬！你要準確而適當把握正中！如果四海困苦貧窮，天賜的福祿就永遠告終！」

帝舜以同樣言辭，吩咐夏禹。

（到商湯，就）說：

「我，（皇天上帝的）孩兒阿履，謹用黑公牛祭告皇天上帝：有罪的人，孩兒不敢擅自寬赦。天帝臣僕一切都無所遮瞞，一切都在天帝的心。我自身有罪，不要連累天下萬方；天下萬方如果有罪，罪過全在我這一人！」

周朝有大賞賜，善良的人富貴起來。（武王的）祝辭說：「雖有至親，不如仁德之人；百姓有過失，責任最後在我一人之身！」

（這樣，莊嚴誠懇的誓辭過後，聖王）嚴謹地規定重量、容量標準，審核法律制度，補正荒廢了的官守，推行了四方的政務。復興滅亡了的諸侯各國，延續絕了後嗣的世代，提拔散失了的賢人，天下人民因此歸心。

（列代聖王）所注重的是：人民、糧食、喪葬、祭祀。

（總教訓經驗是：）寬厚，就得到群眾；誠信，人民就安心託付；勤敏，就有效率；公平、公開、公正，大家就都開心！

子張問於孔子曰：「何如斯可以從政矣？」

子曰：「尊五美，屏四惡，斯可以從政矣。」

子張曰：「何謂五美？」

子曰：「君子惠而不費，勞而不怨，欲而不貪，泰而不驕，威而不猛。」

子張曰：「何謂惠而不費？」

子曰：「因民之所利而利之，斯不亦惠而不費乎？擇可勞而勞之，又誰怨？欲仁而得仁，又焉貪？君子無眾寡，無小大，無敢慢，斯不亦泰而不驕乎？君子正其衣冠，尊其瞻視，儼然人望而畏之，斯不亦威而不猛乎？」

子張曰：「何謂四惡？」

子曰：「不教而殺謂之虐；不戒視成謂之暴；慢令致期謂之賊；猶之與人也，出納之吝謂之有司。」

譯文

子張問孔子說：「怎樣才可以參與政事呢？」

孔子說：「尊重五種美德，摒除四種惡事，這樣可以從政了。」

子張說：「甚麼是五種美德？」

孔子說：「君子（——有修養的政教領袖）給人民好處而不耗費，勞動人民而不怨恨，滿足慾望而不貪婪，舒泰安詳而不驕慢，莊重威嚴而不兇猛。」

子張說：「甚麼是給人民好處而不耗費？」

孔子說：「因應人民認為有利的事而令他們獲得利益，這不就是『惠而不費』麼？選擇可以勞動的事情而勞動人民去做，又有誰會怨恨呢？追求仁德而得到仁德，（人民）又貪求甚麼？君子（待人）無分人多人少，不論勢力巨細，沒有敢於怠慢，這不就是『舒泰安詳而不驕慢』麼？君子端正衣冠，看物望人都大方端正，莊重地令人敬畏，這不也是『威而不猛』麼？」

子張說：「甚麼是四種惡事？」

孔子說：「沒有教育就殺戮，叫做殘虐；沒有警告而要立即看着成功，叫做暴躁；宣佈命令怠怠慢慢，限期辦妥卻急急忙忙，叫做靠害；始終要給予人家，卻吝吝嗇嗇，叫做『低級出納的脾性』！」

‖20.3

孔子曰：「不知命，無以為君子也；不知禮，無以立也；不知言，無以知人也。」

譯文 孔子說：「不認識天命，沒辦法做（有地位、有修養的）君子啊；不懂得禮法，沒辦法立身社會啊；不了解言語，沒辦法明白別人啊！」

評講 孔子原來可能是一氣講成，也可能是經常提到的三個「不……無以……」的編集，總之都是好教訓。

「知命」，一方面是認識人力以外天然的、環境的限制，一方面是人在承認、聽任天命的同時，也認識自己擁有的、天賦的、特殊的能力與責任，去完成天所給予的命——如孟子所謂「修身以俟」「盡其道而死」，才是「正命」。

索引

一畫

二畫

三畫

四畫

不亦君子乎 1.1
不好犯上而好作亂者 1.2
不如丘之好學也 5.28
不如鄉人之善者好之 13.24
不如學也 15.31
不如諸夏之亡也 3.5
不在其位，不謀其政 8.14 14.26
不在顓臾，而在蕭牆之內也 16.1
不多也 9.6
不多食 10.8
不吾知也 11.26
不使勝食氣 10.8
不幸短命死矣 6.3 11.7
不知也 3.11 5.8 14.1
不知其仁 5.5 5.8
不知其可也 2.22
不知命，無以為君子也 20.3
不知為不知 2.17
不知禮，無以立也 20.3
不舍晝夜 9.17
不怨天，不尤人 14.35
不恥下問 5.15
不時不食 10.8
不病人之不己知也 15.19
不能者止 16.1
不問馬 10.17
不得其門而入 19.23
不得其醬不食 10.8

五畫

六畫

七畫

八畫

十一畫

十二畫

十三畫

十八畫

十九畫及以上

新 視 野
中華經典文庫

新　視　野
中華經典文庫